# PREMIÈRES LEÇONS

DE

# LECTURE MUSICALE

ET DE

## TRANSPOSITION

OU

## EXERCICES DE MUSIQUE VOCALE

SUR TOUTES LES CLEFS ET DANS TOUS LES TONS

PAR

## Louis COCHERY

Instituteur à Paris

*Prix cart. 1ᶠ 50*

## PARIS

LAROUSSE ET BOYER, LIBRAIRES-ÉDITEURS

Rue Saint-André-des-Arts, 49

# PREMIÈRES LEÇONS

DE

# LECTURE MUSICALE

ET DE

# TRANSPOSITION

IMPRIMERIE RENOU ET MAULDE, RUE DE RIVOLI, 144.

# PREMIÈRES LEÇONS

DE

# LECTURE MUSICALE

ET DE

## TRANSPOSITION

OU

## EXERCICES DE MUSIQUE VOCALE

SUR TOUTES LES CLEFS ET DANS TOUS LES TONS

PAR

### Louis COCHERY

Instituteur à Paris

PARIS

LAROUSSE ET BOYER, LIBRAIRES-ÉDITEURS

Rue Saint-André-des-Arts, 49

1858

# PRÉFACE

L'enseignement musical dans les écoles est loin d'être général et complet. Cela tient peut-être au peu d'importance qu'on y attache, et surtout aux entraves qui s'opposent à son développement. S'il est juste de donner à l'enseignement grammatical et scientifique une préférence marquée, il serait fâcheux de négliger les premiers éléments d'un art dont le résultat est de perfectionner les organes, de disposer à la concorde et à la paix, et de concourir à la solennité des fêtes classiques et religieuses.

Persuadés de l'influence bienfaisante que la musique exerce sur les esprits, et de ses résultats physiques et moraux, les grandes villes, les grands établissements scolaires ont mis en pratique l'enseignement du chant et ont chargé de sa direction des professeurs spéciaux.

Cependant, malgré ces efforts généreux, sauf quelques exceptions, les résultats sont loin de répondre au zèle et à la capacité des maîtres, comme aux désirs éclairés des autorités, et ce n'est qu'à l'âge adulte, au moyen des cours spéciaux et des exercices des sociétés chorales que la lecture musicale est véritablement comprise.

Quels sont donc les obstacles qui paralysent ainsi un enseignement dont les résultats ont tant de charmes et d'attraits?

Lorsqu'une science n'est connue que d'un petit nombre d'érudits, les auteurs qui en parlent, sûrs d'être compris, ne prennent pas toujours toutes les précautions nécessaires pour se faire entendre du public. Plus, au contraire, cette science se propage et se vulgarise, plus ils s'efforcent de se faire comprendre de tous. C'est alors qu'apparaît le livre classique, le livre élémentaire, chargé de mettre les éléments de la science à la portée des plus jeunes enfants eux-mêmes.

C'est ce qui est arrivé pour la musique. Les livres qui en traitaient, d'abord pleins d'obscurités lorsqu'ils ne s'adressaient qu'à un petit nombre de musiciens, sont devenus de plus en plus clairs à mesure qu'ils se sont adressés à un plus grand nombre.

Ensuite est arrivé le livre classique, le livre élémentaire, le livre vulgarisateur par excellence.

Mais il y a, dans la publication des ouvrages de ce genre, un obstacle matériel presque insurmontable, c'est le prix élevé de toute publication musicale; de sorte qu'en définitive, un livre classique de musique manque d'une des conditions capitales de son existence, le bon marché, qui seul permet à chaque élève, riche ou pauvre, d'en posséder un exemplaire.

C'est après avoir été frappé des difficultés de l'enseignement musical avec les moyens actuels, c'est après avoir cherché longtemps et inutilement un livre qui remplît les conditions d'un bon enseignement, que j'ai résolu de tenter quelque chose pour vulgariser un art qui n'a besoin que d'être compris, pour faire sentir sa bienfaisante influence.

Il fallait une méthode claire, substantielle et à bon marché, capable de mettre un élève en état de déchiffrer seul toute espèce de musique.

J'espère avoir rempli ces conditions en publiant les *Premières leçons de Lecture musicale et de Transposition*. Le zèle éclairé de mes éditeurs pour les intérêts de l'enseignement les a engagés à réduire tellement le prix de cet ouvrage, qu'il fût accessible à tous, malgré les frais considérables de publication.

Espérons qu'il contribuera à populariser un art qui fait le charme de ceux qui le cultivent, les console, les encourage et les dispose aux sentiments affectueux.

Le mouvement musical se propage; ses accents chaleureux pénètrent dans des contrées où jadis ne régnaient que des sons discordants. Apollon descend de l'Olympe et habite parmi les bergers. Les sociétés chorales, naguère peu nombreuses et isolées, désormais liées ensemble, viennent en foule remporter dans les concours des victoires pacifiques. Les sommités de la science et de l'art sont leurs juges; les personnages les plus éminents les encouragent par des récompenses honorifiques; et des flots d'auditeurs viennent de toutes parts écouter avec admiration et recueillement ces milliers de voix qui n'en font qu'une.

L'enseignement restera-t-il insensible à ce beau spectacle? Refusera-t-il de faire retentir les églises des voix angéliques et harmonieuses de l'enfance, et les solennités scolaires de ses refrains joyeux? Cela n'est plus possible. Les instituteurs, sentinelles avancées de la science, deviendront les apôtres de l'art. Ils le propageront dans les plus humbles hameaux.

Encore quelques années et chaque commune aura son orphéon; et tous les Français, réunis dans un même chœur, chanteront enfin avec amour l'hymne sublime de la concorde et de la paix.

L. COCHERY.

# PREMIÈRES LEÇONS

## DE

# LECTURE MUSICALE

## ET DE TRANSPOSITION

## PREMIÈRE PARTIE

### Principes

## CHAPITRE PREMIER

### DE LA GAMME

1. La *musique* est un art qui a pour objet l'étude des sons considérés dans leur élévation, leurs rapports et leur durée.

2. Pour distinguer les sons, on se sert de sept mots : DO, RÉ, MI, FA, SOL, LA, SI, appelés *notes*, placés ici dans l'ordre de leur ascendance, et qui se répètent indéfiniment, soit en montant, soit en descendant.

3. Lorsqu'un son est plus bas qu'un autre son, on dit qu'il est *grave*. Cette dénomination est purement relative : ainsi DO est un son grave à l'égard du RÉ, qui lui-même est grave à l'égard du MI.

4. Lorsqu'un son est plus élevé qu'un autre, on dit qu'il est *aigu* : ainsi SOL est aigu à l'égard du MI, qui lui-même est aigu à l'égard du DO.

5. Voici la suite des sons accessibles à la voix humaine, en commençant par les plus graves : DO, RÉ, MI, FA, SOL,

LA, SI. *DO, RÉ, MI, FA, SOL, LA, SI*. do, ré, mi, fa, sol, la, si. *do, ré, mi, fa, sol, la, si*. Chaque série de sept notes est distinguée des autres séries par un caractère différent : 1º LA MAJUSCULE ROMAINE ; 2º *LA MAJUSCULE ITALIQUE* ; 3º La minuscule romaine ; 4º *la minuscule italique* ; les sons les plus graves étant représentés par les caractères les plus gros. Les notes du même nom étant distinguées par des caractères différents, il sera toujours facile de distinguer, entre deux notes, la note grave et la note aiguë. Ainsi, des deux notes *FA*, fa, la note grave est *FA* et la note aiguë fa ; des deux notes sol, *mi*, la note grave est sol et la note aiguë *mi*.

6. Entre DO et RÉ, entre RÉ et MI, entre FA et SOL, entre SOL et LA, entre LA et SI, il y a d'autres sons qui n'ont pas de noms particuliers, mais qui empruntent le nom d'une des deux notes entre lesquelles ils sont placés.

7. S'ils prennent le nom de la note aiguë, ce nom est accompagné du signe ♭ ou *bémol*, qui indique que cette note descend.

8. S'ils prennent le nom de la note grave, ce nom est accompagné du signe ♯ ou *dièse*, qui indique que cette note monte.

9. Les notes qui n'ont ni dièses ni bémols sont appelées *naturelles*, et se nomment telles qu'elles sont écrites.

10. Celles qui sont accompagnées d'un dièse ou d'un bémol sont dites *altérées*, et se divisent en *notes diésées* et en *notes bémolisées*.

11. Elles se prononcent comme les notes naturelles en ajoutant *dièse* ou *bémol*, lorsqu'on les nomme sans les chanter ; mais on supprime ce dernier mot lorsqu'on les chante.

12. La suite des douze sons : DO, DO♯, RÉ, RÉ♯, MI, FA, FA♯, SOL, SOL♯, LA, LA♯, SI ; ou DO, RÉ♭, RÉ, MI♭, MI, FA, SOL♭, SOL, LA♭, LA, SI♭, SI. qu'on peut ré-

péter indéfiniment soit en montant, soit en descendant, forme ce que l'on appelle une *gamme chromatique*. Les distances ou *intervalles* entre deux notes consécutives peuvent être considérées comme égales, et constituent ce que l'on appelle un *demi-ton*.

13. Si cette distance a lieu entre deux notes portant le même nom, dont une est naturelle et l'autre altérée, c'est un *demi-ton chromatique*.

14. Si elle a lieu entre deux notes qui ont des noms différents, c'est un *demi-ton diatonique*.

15. Les intervalles DO-RÉ, RÉ-MI, FA-SOL, SOL-LA, LA-SI, entre chacun desquels on peut placer un son, ont la valeur d'*un ton*. Les intervalles MI-FA et SI-*DO*, entre lesquels on ne peut placer un son, ne valent qu'un demi-ton.

16. Il y a donc dans la *gamme diatonique* DO, RÉ, MI, FA, SOL, LA, SI, *DO*, cinq tons et deux demi-tons.

17. Les demi-tons sont placés entre la troisième et la quatrième note et entre la septième et la huitième (première note d'une gamme supérieure).

18. En observant ce qui vient d'être dit sur la composition de la gamme diatonique, et en se servant des dièses et des bémols, on peut commencer une gamme diatonique par quelque note que ce soit.

19. La première note d'une gamme diatonique s'appelle *tonique*; la seconde, *sus-tonique*; la troisième, *médiante*; la quatrième, *sous-dominante*; la cinquième, *dominante*; la sixième, *sus-dominante*; la septième, *sensible*.

20. Pour composer une gamme diatonique quelconque, il suffit d'écrire deux gammes chromatiques successives, soit avec des dièses, comme celle-ci :

DO, DO♯, RÉ, RÉ♯, MI, FA, FA♯, SOL, SOL♯, LA,

LA♯, SI. *DO, DO♯, RÉ, RÉ♯, MI, FA, SOL, SOL♯*
*LA, LA♯, SI* ; soit avec des bémols, comme celle-ci :

DO, RÉ♭, RÉ, MI♭, MI, FA, SOL♭, SOL, LA♭, LA,
SI♭, SI. *DO, RÉ♭, RÉ, MI♭, MI, FA, SOL♭, SOL,*
*LA♭, LA, SI♭, SI*, et de prendre sur une de ces doubles-
gammes la note que l'on veut avoir pour tonique ; cette note
donnera son nom à la gamme que l'on veut former. La *troisième* note après la tonique sera la sus-tonique ; la *cinquième*,
la médiante ; la *sixième*, la sous-dominante ; la *huitième*, la
dominante ; la *dixième*, la sus-dominante, et la *douzième*,
la sensible.

21. Soit à composer une gamme à partir de LA ; la troi-
sième note après LA est SI ; la cinquième, *DO♯* ; la sixième,
*RÉ* ; la huitième, *MI*, la dixième, *FA♯*, et la douzième,
*SOL♯*, d'où il résulte que la suite des notes de la gamme de
LA naturel est LA, SI, *DO♯, RÉ, MI, FA♯, SOL♯, LA.*

22. Les gammes qui commencent par des notes naturelles,
telles que celle de l'exemple précédent, doivent être prises
sur la gamme chromatique par dièses, excepté la gamme de
*fa* qui se prend sur la gamme chromatique par bémols.

23. Les gammes qui commencent par des notes altérées
doivent être prises sur la gamme chromatique par bémols,
les toniques diésées n'étant pas usitées.

24. Soit à composer une gamme diatonique à partir de
LA♯. Je prends pour tonique, dans la gamme chromatique
par bémols, l'équivalent de *LA♯*, qui est SI♭. La troisième
note après SI♭ est *DO*; la cinquième, *RÉ*; la sixième, *MI♭*; la
huitième, *FA* ; la dixième, *SOL* ; la douzième, *LA*. La suite
des notes de la gamme de SI♭ est donc : SI♭, *DO, RÉ,*
*MI♭, FA, SOL, LA, SI♭*.

25. Il résulte de ce que nous venons de voir sur les usages
de la gamme chromatique, que cette gamme renferme les éléments de toutes les gammes diatoniques.

26. La première note d'une gamme détermine le ton. On est dans le ton d'UT, de SOL ou de FA, selon que la gamme commence par DO, SOL ou FA.

27. On chante dans le ton d'UT, de SOL ou de FA, en se servant des notes qui se trouvent dans la gamme de chacun de ces tons.

# CHAPITRE II

## DE LA GAMME MINEURE

28. On donne à la gamme diatonique dont il vient d'être question le nom de *gamme majeure*, pour la distinguer de la *gamme mineure*, dont la composition est un peu différente.

29. La gamme mineure est, ainsi que la gamme majeure, composée de cinq tons et de deux demi-tons ; mais le premier demi-ton est placé entre la deuxième et la troisième note, au lieu d'être placé entre la troisième et la quatrième, comme dans la gamme majeure. Dans la gamme mineure descendante, le second demi-ton est ordinairement placé entre la cinquième et la sixième note.

30. Ces deux manières de composer les gammes s'appellent *modes*. Ainsi, on chante dans le *mode majeur* ou dans le *mode mineur*, selon que les éléments du chant sont pris dans la gamme majeure ou dans la gamme mineure.

31. On peut composer les gammes mineures au moyen de la gamme chromatique, en ayant égard à ce qui vient d'être dit sur la composition de la gamme mineure.

32. Pour composer une gamme mineure, on prendra sur une des deux gammes chromatiques par dièses ou par bémols, la note que l'on veut avoir pour tonique. La *troisième* note sera la sus-tonique ; la *quatrième*, la médiante ; la *sixième*

la sous-dominante ; la *huitième*, la dominante ; la *dixième*, la sus-dominante, et la *douzième*, la sensible, pour la gamme ascendante. Pour la gamme descendante, la *onzième* sera la sensible, la *neuvième*, la sus-dominante, et les autres degrés seront les mêmes que ceux de la gamme ascendante.

33. Soit à composer une gamme mineure à partir de LA. Je cherche LA sur la gamme chromatique par dièses. La troisième note après LA est SI ; la quatrième, *DO* ; la sixième, *RÉ* ; la huitième, *MI* ; la dixième, *FA*♯ ; la douzième, *SOL*♯. La gamme mineure ascendante de la est donc : LA, SI, *DO*, *RÉ*, *MI*, *FA*♯, *SOL*♯, *LA*.

34. Dans la *gamme mineure descendante*, les notes communes à la gamme ascendante sont LA, SI, *DO*, *RE*, *MI*, La neuvième note après LA est *FA*, et la onzième, *SOL*. La gamme descendante de la mineur est donc *LA*, *SOL*, *FA*, *MI*, *RÉ*, *DO*, SI, LA.

35. Chaque ton majeur a son *ton relatif mineur*, c'est-à-dire celui des tons mineurs qui a avec lui le plus de notes communes. Le relatif mineur est un ton et demi au-dessous du ton majeur, et se compose sur la même gamme chromatique.

36. Le relatif de *DO*   majeur est LA   mineur.

| | | | | | |
|---|---|---|---|---|---|
| Celui | de *SOL* | — | est *MI* | — |
| — | de *RÉ* | — | est SI | — |
| — | de *LA* | — | est *FA*♯ | — |
| — | de *MI* | — | est *DO*♯ | — |
| — | de *SI* | — | est *SOL*♯ | — |
| — | de *FA*♯ | — | est *RÉ*♯ | — |
| — | de *DO*♯ | — | est LA♯ | — |

37. Le relatif de *FA*   majeur est *RÉ*   mineur

| | | | | | |
|---|---|---|---|---|---|
| — | de *SI*♭ | — | est *SOL* | — |
| — | de *MI*♯ | — | est *DO* | — |
| — | de *LA*♭ | — | est *FA* | — |
| — | de *RÉ*♭ | — | est SI♭ | — |
| — | de *SOL*♭ | — | est *MI*♭ | — |
| — | de *DO*♭ | — | est LA♭ | — |

# CHAPITRE III

## DES INTERVALLES

**38.** On appelle *intervalles* la distance entre deux sons, l'un grave et l'autre aigu.

**39.** L'intervalle nul entre deux notes de même son et de même nom s'appelle *unisson*. Ex. : DO-DO, RÉ-RÉ, MI-MI.

**40.** Lorsque deux notes se succèdent en suivant l'ordre de la gamme, elles forment entre elles un intervalle de *seconde*. On l'appelle seconde parce qu'en allant de l'une à l'autre et suivant l'ordre de la gamme, on ne compte que deux notes. Ex. : fa-sol, SI-*DO*.

**41.** La succession des notes de la gamme forme, entre toutes les notes consécutives, des intervalles de seconde.

**42.** La *tierce* est l'intervalle compris entre la première et la dernière note d'une succession de trois notes de la gamme. Ex. : succession de trois notes, RÉ, MI, FA; tierce, RÉ-FA.

**43.** La *quarte* est l'intervalle compris entre la première et la dernière note d'une succession de quatre notes de la gamme. Ex. : succession de quatre notes, LA, SI, *DO, RÉ*; quarte, LA-*RÉ*.

**44.** La *quinte* est l'intervalle compris entre la première et la dernière note d'une succession de cinq notes de la gamme. Ex. : succession de cinq notes, DO, RÉ, MI, FA, SOL; quinte, DO-SOL.

**45.** La *sixte* est l'intervalle compris entre les deux notes extrêmes d'une succession de six notes de la gamme. Ex. : succession de six notes. SOL, LA, SI, *DO, RÉ, MI*; intervalle de sixte, SOL-*MI*.

46. La *septième* est l'intervalle compris entre les deux notes extrêmes d'une succession de sept notes de la gamme. Ex. : succession de sept notes, DO, RÉ, MI, FA, SOL, LA, SI ; intervalle de septième, DO, SI.

47. *L'octave* est l'intervalle compris entre les deux notes extrêmes d'une succession de huit notes de la gamme. Ex. : succession de huit notes, DO, RÉ, MI, FA, SOL, LA, SI, *DO* ; octave DO, *DO*.

48. La distance entre une note grave et une note aiguë se nomme intervalle ; la distance de la note aiguë à l'octave de la note grave est le *complément* ou *renversement* de cet intervalle. Ex. : note grave, LA ; note aiguë, *MI* ; intervalle, LA-*MI* ; octave de la note grave, *LA* ; renversement de l'intervalle, *MI-LA*.

49. L'octave est le *renversement de l'unisson*. Ex. : unisson, SOL-SOL ; octave, SOL-*SOL*.

50. La septième est le *renversement de la seconde*. Ex. : seconde, DO-RÉ ; septième, RÉ-*DO*.

51. La sixte est le *renversement de la tierce*. Ex. : tierce, SOL-SI ; sixte, SI-*SOL*.

52. La quinte est le *renversement de la quarte*. Ex. : quarte, RÉ-SOL ; quinte, SOL-*RÉ*.

53. La quarte est le *renversement de la quinte*. Ex. : quinte, FA-*DO* ; quarte, *DO-FA*.

54. La tierce est le *renversement de la sixte*. Ex. : sixte, RÉ-SI ; tierce, SI-*RÉ*.

55. La seconde est le *renversement de la septième*. Ex. : septième, MI-*RÉ* ; seconde, *RÉ-MI*.

56. L'unisson est le *renversement de l'octave*. Ex. : octave, FA-*FA* ; unisson, *FA-FA*.

57. Les intervalles sont considérés non-seulement d'après le nombre des notes comprises dans la succession qui les forme,

mais aussi sous le rapport du nombre de tons et de demi-tons qui séparent les notes de cette succession.

58. Il y a *quatre sortes de secondes :* la seconde majeure, la seconde mineure, la seconde augmentée et la seconde diminuée ou en harmonie.

59. La *seconde majeure* est un intervalle d'un ton. Ex. : DO-RÉ.

60. La *seconde mineure* est un intervalle d'un demi-ton. Ex. : MI-FA.

61. La *seconde augmentée* est un intervalle du ton et demi. Ex. : FA-SOL♯.

62. *L'enharmonie* est la succession de deux notes de noms différents ayant le même son. Ex. : DO♯-RÉ♭. Entre deux notes enharmoniques, l'intervalle est nul.

63. Il y a *trois sortes de tierces :* la tierce majeure, la tierce mineure et la tierce diminuée.

64. La *tierce majeure* se compose de deux tons. Ex. : FA, SOL, LA ; tierce majeure, FA-LA.

65. La *tierce mineure* se compose d'un ton et d'un demi-ton. Ex. : LA, SI, *DO* ; tierce mineure, LA-*DO* ; MI, FA, SOL ; tierce mineure, MI-SOL.

66. La *tierce diminuée* se compose de deux demi-tons. Ex. : FA♯, SOL, LA♭ ; tierce diminuée, FA♯-LA♭.

67. Il y a *trois sortes de quartes :* la quarte juste, la quarte diminuée et la quarte augmentée.

68. La *quarte juste* se compose de deux tons et d'un demi-ton. Ex. : DO, RÉ, MI, FA ; quarte juste, DO-FA ; RÉ, MI, FA, SOL ; quarte juste, RÉ-SOL ; MI, FA, SOL, LA ; quarte juste, MI-LA.

69. La *quarte diminuée* se compose d'un ton et de deux demi-tons. Ex. DO♯, RÉ, MI, FA ; quarte diminuée, DO♯-FA.

70. La *quarte augmentée* ou *triton* se compose de trois tons. Ex. : FA, SOL, LA, SI ; quarte augmentée, FA-SI.

71. Il y a *trois sortes de quintes :* la quinte juste, la quinte diminuée et la quinte augmentée.

72. La *quinte juste* se compose de trois tons et d'un demi-ton. Ex. : DO, RÉ, MI, FA, SOL ; quinte juste, DO-SOL ; RÉ, MI, FA, SOL, LA ; quinte juste, RÉ-LA ; MI, FA, SOL, LA, SI ; quinte juste, MI-SI ; FA, SOL, LA, SI, *DO* ; quinte juste, FA-*DO*.

73. La *quinte diminuée* se compose de deux tons et de deux demi-tons. Ex. SI, *DO, RÉ, MI, FA* ; quinte diminuée, SI-*FA*.

74. La *quinte augmentée* se compose de quatre tons. Ex. : DO, RÉ, MI, FA♯, SOL♯ ; quinte augmentée, DO-SOL♯.

75. Il y a *trois sortes de sixtes :* la sixte mineure, la sixte majeure et la sixte augmentée.

76. La *sixte mineure* se compose de trois tons et de deux demi-tons. Ex. : MI, FA, SOL, LA, SI, *DO* ; sixte mineure, MI-*DO* ; LA, SI, *DO, RÉ, MI, FA* ; sixte mineure, LA-*FA*.

77. La *sixte majeure* se compose de quatre tons et d'un demi-ton. Ex. : DO, RÉ, MI, FA, SOL, LA ; sixte majeure DO-LA ; FA, SOL, LA, SI, *DO, RÉ* ; sixte majeure, FA-*RÉ*.

78. La *sixte augmentée* se compose de cinq tons. Ex. : RÉ♭, MI♭, FA, SOL, LA, SI ; sixte augmentée, RÉ♭-SI.

79. Il y a *trois sortes de septièmes :* la septième majeure, la septième mineure et la septième diminuée.

80. La *septième majeure* se compose de cinq tons et d'un demi-ton. Ex. : DO, RÉ, MI, FA, SOL, LA, SI ; septième majeure : DO-SI.

81. La *septième mineure* se compose de quatre tons et de deux demi-tons. Ex. : SOL, LA, SI, *DO, RÉ, MI, FA* ; septième mineure : SOL-*FA*.

82. La *septième diminuée* se compose de trois tons et de trois demi-tons. Ex. : SOL♯, LA, SI, *DO*, *RÉ*, *MI*, *FA*; septième diminuée : SOL♯-*FA*.

83. L'*octave* se compose de cinq tons et de deux demi-tons. Ex. : RÉ, MI, FA, SOL, LA, SI, *DO*, *RÉ*. Octave : RÉ-*RÉ*.

84. Une *seconde majeure renversée* forme une septième mineure; et réciproquement, le renversement d'une septième mineure forme une seconde majeure. Ex. : DO-RÉ, seconde majeure ; RÉ-*DO*, septième mineure.

85. Une *seconde mineure renversée* forme une septième majeure, et réciproquement. Ex. : MI-FA, seconde mineure ; FA-*MI*, septième majeure.

86. Le *renversement d'une seconde augmentée* est une septième diminuée, et réciproquement. Ex. : FA-SOL♯, seconde augmentée ; SOL♯-*FA*, septième diminuée.

87. Une *tierce majeure renversée* forme une sixte mineure, et réciproquement. Ex. : FA-LA, tierce majeure ; LA-*FA*, sixte mineure.

88. Une *tierce mineure renversée* forme une sixte majeure, et réciproquement. Ex. : MI-SOL, tierce mineure ; SOL-*MI*, sixte majeure.

89. Le *renversement d'une tierce diminuée* est une sixte augmentée, et réciproquement. Ex. : FA♯-LA♭, tierce diminuée ; LA♭-*FA♯*, sixte augmentée.

90. Le *renversement d'une quarte juste* est une quinte juste, et réciproquement. Ex. : DO-FA, quarte juste ; FA-*DO*, quinte juste.

91. Le *renversement d'une quarte augmentée* est une quinte diminuée, et réciproquement. Ex. : FA-SI, quarte augmentée ; SI-*FA*, quinte diminuée.

92. Le *renversement d'une quarte diminuée* est une quinte augmentée, et réciproquement. Ex. : DO♯-FA, quarte diminuée ; FA-*DO♯*, quinte augmentée.

93. D'où il résulte que le renversement d'un intervalle majeur est un intervalle mineur, et que le renversement d'un intervalle augmenté est un intervalle diminué, et réciproquement.

---

# CHAPITRE IV

## DE LA PORTÉE ET DES CLEFS DANS LA MUSIQUE

94. La *portée* ordinaire est un assemblage de cinq lignes horizontales destinées à placer les notes d'après leur degré relatif d'élévation. Ces lignes se comptent à partir du bas.

95. La *clef* est un signe que l'on place au commencement de la portée, sur une des lignes qui la composent. Elle indique par sa forme une note de la gamme placée sur cette ligne, au moyen de laquelle on détermine la position de toutes les notes au-dessus ou au-dessous.

96. Il y a trois clefs dans la musique : *la clef de FA*, *la clef d'*ut et *la clef de* sol.

97. Ces signes servent encore à déterminer à quelle position se trouvent les cinq lignes de la portée ordinaire dans la *grande portée* de onze lignes. Cette grande portée sert à écrire les notes suivantes, accessibles aux différentes voix humaines : DO, RÉ, MI, FA, SOL, LA, SI, *DO, RÉ, MI, FA, SOL, LA, SI*, do, ré, mi, fa, sol, la, si, *do, ré, mi, fa, sol, la, si*,

et qui se représentent par des figures placées sur les lignes et entre les lignes de la grande portée, ainsi qu'il suit :

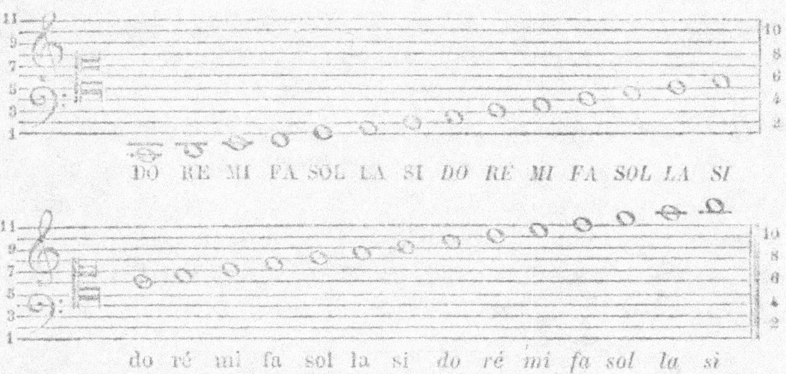


98. Les petites barres horizontales qui traversent les notes au-dessus ou au-dessous de la portée s'appellent *lignes supplémentaires*, et servent à désigner les notes qui excèdent l'étendue de cette portée.

99. Voici les sept différentes manières de prendre sur la portée générale une portée de cinq lignes qui se suivent.

100. En la formant des lignes, 1, 2, 3, 4, 5 de la grande portée, la clef de *FA* sera placée sur la 4e ligne de cette nouvelle portée, et l'on chantera avec la *clef de FA, 4e ligne*. Les notes qu'on pourra écrire sur cette portée, sans avoir recours aux lignes supplémentaires seront celles-ci : FA, SOL, LA, SI, *DO, RÉ, MI, FA, SOL, LA, SI*, ainsi placées :

101. En formant la portée de cinq lignes des lignes 2, 3, 4, 5, 6 de la grande portée, la clef de *FA* sera placée sur la 3e ligne de cette nouvelle portée, et on lira avec la *clef de FA, 3e ligne*. Les notes qu'on pourra écrire sur cette portée seront :

LA, SI, *DO*, *RÉ*, *MI*, *FA*, *SOL*, *LA*, *SI*, do, ré, ainsi placées :

102. En formant la portée de cinq lignes, des lignes 3, 4, 5, 6, 7 de la grande portée, la clef d'ut sera placée sur la 4e ligne de cette nouvelle portée ; et on lira avec la *clef d'*ut, *4e ligne*. Les notes qu'on pourra écrire sur cette portée seront: *DO*, *RÉ*, *MI*, *FA*, *SOL*, *LA*, *SI*, do, ré, mi, fa, ainsi placées :

103. En formant la portée de cinq lignes, des lignes 4, 5, 6, 7, 8 de la grande portée, la clef d'ut sera placée sur la 3e ligne de cette nouvelle portée et on lira avec la *clef d'*ut, *3e ligne*. Les notes qu'on pourra écrire sur cette portée seront : *MI*, *FA*, *SOL*, *LA*, *SI*, do, ré, mi, fa, sol, la, ainsi placées :

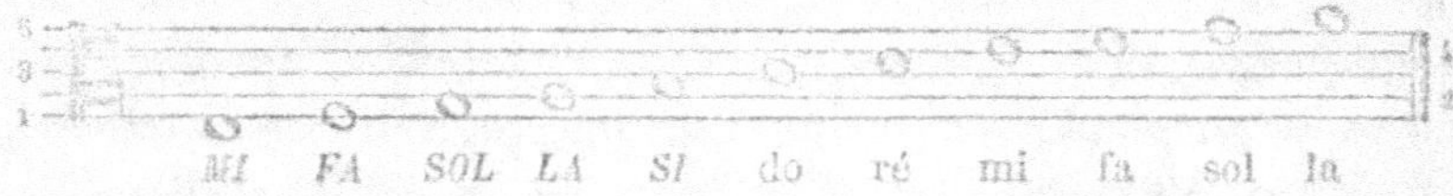


104. En formant la portée de cinq lignes, des lignes 5, 6, 7, 8 et 9 de la grande portée, la clef d'ut sera placée sur la 2e ligne de cette nouvelle portée, et on lira avec la *clef d'*ut, *2e ligne*. Les notes qu'on pourra écrire sur cette portée seront : *SOL*, *LA*, *SI*, do, ré, mi, fa, sol, la, si, *do*, ainsi placées :

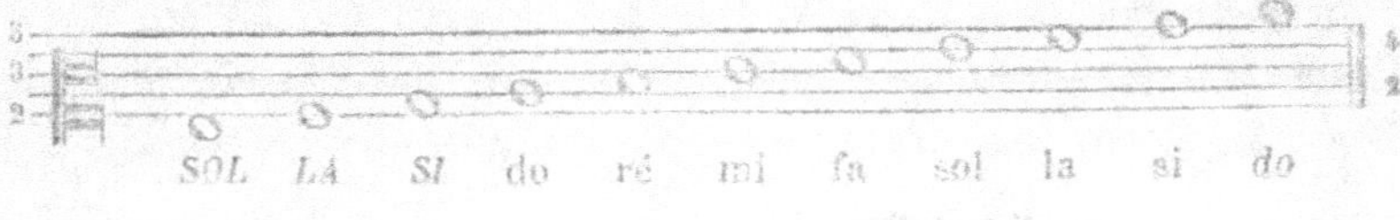

105. En formant la portée de cinq lignes, des lignes 6, 7, 8, 9 et 10 de la grande portée, la clef d'ut sera placée sur la 1re ligne de cette nouvelle portée, et on lira avec la *clef d*'ut *1re ligne*. Les notes qu'on pourra écrire sur cette portée seront : *SI*, do, ré, mi, fa, sol, la, si, *do, ré, mi*, ainsi placées :

106. En formant la portée de cinq lignes, des lignes 7, 8, 9, 10 et 11 de la grande portée, la clef de sol sera placée sur la 2e ligne, et on lira avec le *clef de* sol, *2e ligne*. Les notes qu'on pourra écrire sur cette portée seront : ré, mi, fa, sol, la, si, *do, ré, mi, fa, sol*, ainsi placées :

107. Ces différentes manières de prendre cinq lignes sur la grande portée ont été nécessitées par les différences d'élévation qui existent entre chaque genre de voix humaine. Ces voix sont toutes plus ou moins susceptibles d'exécuter un certain nombre de notes posées sur la grande portée ; mais il y a des différences pour chaque espèce de voix, dans la position de ces notes.

108. La distance entre le son le plus grave et le son le plus aigu que peut exécuter une voix, s'appelle le *diapason* de cette voix. La plus ou moins grande distance entre les deux notes est l'*étendue* de ce diapason. Le diapason est plus ou moins *aigu* ou *grave* selon que les notes qui le composent occupent une position plus ou moins élevée sur la grande portée.

109. On distingue sept *sortes de voix* : quatre *voix d'hommes*, et trois *voix de femmes ou d'enfants*.

**110.** Les quatre voix d'hommes sont : la *seconde basse*, la *première basse*, le *second ténor* et le *premier ténor*.

**111.** Les trois voix de femmes ou d'enfants sont : le *contre-alto*, le *second dessus* ou second soprano et le *premier dessus* ou premier soprano.

**112.** Les notes écrites sur la portée avec clef de *FA*, 4<sup>e</sup> ligne, conviennent aux secondes basses.

**113.** Les notes écrites sur la portée avec clef de *FA*, 3° ligne, conviennent aux premières basses.

**114.** Les notes écrites sur la portée avec clef d'ut, 4<sup>e</sup> ligne, conviennent aux seconds ténors.

**115.** Les notes écrites sur la portée avec clef d'ut, 3<sup>e</sup> ligne, conviennent aux premiers ténors.

**116.** Les notes écrites sur la portée avec clef d'ut, 2<sup>e</sup> ligne, conviennent aux contre-altos.

**117.** Les notes écrites sur la portée avec clef d'ut, 1<sup>re</sup> ligne, conviennent aux seconds-dessus.

**118.** Les notes écrites sur la portée avec clef de sol conviennent aux premiers-dessus.

**119.** Il résulte de ce qui vient d'être dit :

1° Qu'un premier ténor qui chanterait en clef de *FA*, 4<sup>e</sup> ligne, serait forcé d'octavier, c'est-à-dire de chanter un octave au-dessus de ce qui est écrit, tout en nommant les mêmes notes, et qu'un premier soprano chanterait avec cette même clef deux octaves trop bas ; de manière qu'une seconde basse, un premier ténor et un premier soprano chantant ensemble avec la clef de *FA*, 4<sup>e</sup> ligne, répéteraient le même chant à trois octaves différents.

2° Qu'un premier ténor chantant avec la clef de sol chanterait un octave trop bas et qu'une seconde basse avec cette même clef chanterait deux octaves trop bas : de sorte qu'une deuxième basse, un premier ténor et un premier soprano chantant ensemble avec la clef de sol, répètent le même chant à trois octaves différents.

121. C'est donc abusivement qu'on écrit actuellement les parties de ténor sur la clef de sol, ainsi que cela se pratique pour les sopranos. Cet usage, nécessité par l'étude presque exclusive que ces voix ont faite de la clef de sol, et par le peu d'habitude qu'elles ont de chanter avec la clef d'ut, a pour effet de les faire chanter un octave au-dessous de ce qui est écrit.

122. Pour qu'un ténor chante à l'unisson d'un soprano, et en général pour qu'une voix d'homme chante à l'unisson d'une voix de femme ou d'enfant, il faut que la voix d'homme chante l'octave à l'aigu des notes graves écrites pour les voix de femmes, ou que les voix de femmes chantent l'octave au grave des notes aiguës écrites pour les voix d'hommes.

---

# CHAPITRE V

## DES DIÈSES OU DES BÉMOLS A LA CLEF

122. Les dièses ou les bémols qui font partie de la gamme, et qui, pour cette raison, sont appelés *dièses ou bémols constitutifs*, au lieu d'accompagner chaque note, se placent auprès de la clef, au commencement de chaque portée, chacun sur la ligne où doit être placée la note qu'il affecte.

123. Dans le ton de SOL, il y a une note diésée, c'est le FA.

Dans le ton de RÉ, il y a deux notes diésées, ce sont FA-DO.

Dans le ton de LA, il y a trois notes diésées, FA-DO-SOL.

Dans le ton de MI, il y a quatre notes diésées, FA-DO-SOL-RÉ.

Dans le ton de SI, il y a cinq notes diésées, FA-DO-SOL-RÉ-LA.

Dans le ton de FA♯, il y a six notes diésées, FA-DO-SOL-RÉ-LA-MI.

Dans le ton de DO♯, il y a sept notes diésées, FA-DO-SOL-RÉ-LA-MI-SI.

124. Remarquez que la note du ton est la première note au-dessus du dernier dièse.

125. Remarquez aussi que la note affectée du dernier dièse est un demi-ton au-dessous de la note du ton, et est par conséquent note sensible.

126. D'après ce que nous venons de voir, l'*ordre des dièses* est FA-DO-SOL-RÉ-LA-MI-SI. On ne peut mettre à la clef un de ces dièses sans ceux qui le précèdent dans l'ordre que nous venons d'indiquer.

127. Dans le ton de FA, il y a une note bémolisée, c'est le SI.

Dans le ton de SI♭, il y a deux notes bémolisées, ce sont le SI et le MI.

Dans le ton de MI♭, il y a trois notes bémolisées, SI-MI-LA.

Dans le ton de LA♭, il y a quatre notes bémolisées, SI-MI-LA-RÉ.

Dans le ton de RÉ♭, il y a cinq notes bémolisées, SI-MI-LA-RÉ-SOL.

Dans le ton de SOL♭, il y a six notes bémolisées, SI-MI-LA-RÉ-SOL-DO.

Dans le ton de FA♭, il y a sept notes bémolisées, SI-MI-LA-RÉ-SOL-DO-FA.

**128.** Remarquez que la troisième note au-dessous du dernier bémol est la note du ton, et que cette dernière note est toujours celle qui est affectée de l'avant-dernier bémol.

**129.** Il résulte de ce que nous venons d'observer que l'*ordre des bémols* est SI-MI-LA-RÉ-SOL-DO-FA, ordre inverse de celui des dièses. On ne peut mettre un de ces bémols à la clef sans l'accompagner de ceux qui le précèdent dans l'ordre que nous venons d'indiquer

**130.** L'ensemble des dièses ou des bémols placés à la clef s'appelle *armure*.

**131.** Les dièses ou les bémols qu'on place à la clef et qui servent à déterminer le ton, sont appelés dièses ou bémols constitutifs, et affectent les notes dans toute l'étendue du morceau. Ceux qui apparaissent accidentellement dans le courant du morceau sont appelés *dièses ou bémols accidentels*, et ne modifient les notes que dans la mesure (espace entre deux barres verticales) où elles sont placées.

**132.** On se sert aussi d'un autre signe ♮, *le bécarre*.

Il fait l'effet d'un dièse sur une note bémolisée, et d'un bémol sur une note diésée ; c'est-à-dire qu'il abaisse la note diésée d'un demi-ton, et qu'il élève la note bémolisée d'un demi-ton, remettant ainsi chaque note altérée dans le ton naturel. Il n'a d'effet que dans la mesure où il est placé.

**133.** Les relatifs mineurs ont la même armure que le ton majeur auxquels ils se rapportent. Les autres notes nécessaires à la formation du mode sont altérées accidentellement. En observant ces altérations, on reconnaît qu'au lieu d'être dans un ton majeur, on est dans le ton mineur qui lui est relatif, surtout si l'on s'aperçoit que la dominante du ton majeur est élevée d'un demi-ton au moyen d'un dièse ou d'un bécarre. Cette note étant alors placée un demi-ton au-dessous de la tonique mineure devient la sensible du ton mineur.

134. En observant le nombre de dièses ou de bémols constitutifs nécessaires aux gammes majeures et aux gammes mineures ayant la même tonique, on remarque que :

DO majeur n'a ni dièses ni bémols.

DO mineur a 3 bémols.

SOL majeur a 1 dièse ; SOL mineur, 2 bémols.

RÉ majeur a 2 dièses ; RÉ mineur, 1 bémol.

LA majeur a 3 dièses ; LA mineur n'a ni dièses ni bémols.

MI majeur a 4 dièses ; MI mineur, 1 dièse.

SI majeur a 5 dièses ; SI mineur, 2 dièses.

FA# majeur a 6 dièses ; FA# mineur, 3 dièses.

DO# majeur a 7 dièses ; DO# mineur, 4 dièses.

FA majeur a 1 bémol ; FA mineur, 4 bémols.

SI♭ majeur a 2 bémols ; SI♭ mineur, 5 bémols.

MI♭ majeur a 3 bémols ; MI♭ mineur, 6 bémols.

LA♭ majeur a 4 bémols ; LA♭ mineur, 7 bémols.

D'où il suit que pour passer d'un ton majeur dans le même ton mineur, il faut ajouter trois bémols ou retrancher trois dièses.

135. Lorsqu'il n'y a que deux dièses on les retranche et on ajoute un bémol. Lorsqu'il n'y a qu'un dièse, on le retranche et on ajoute deux bémols.

136. Réciproquement, pour passer d'un ton mineur dans le même ton majeur, il faut ajouter trois dièses ou retrancher trois bémols.

136. Lorsqu'il n'y a que deux bémols, on les retranche et on ajoute un dièse. Lorsqu'il n'y a qu'un bémol, on le retranche et on ajoute deux dièses.

137. Lorsqu'il y a à la clef plus de trois bémols, on peut considérer les notes bémolisées comme des notes naturelles, et supposer à la clef autant de dièses qu'il y a de notes natu-

relles. On chantera ainsi d'autant plus facilement qu'il y aura un plus grand nombre de bémols à la clef, puisqu'on aura à s'occuper seulement de quelques notes naturelles considérées comme diésées.

138. Par la même raison, lorsqu'il y a à la clef plus de trois dièses, on peut considérer les notes diésées comme des notes naturelles, et supposer à la clef autant de bémols qu'il y a de notes naturelles.

---

# CHAPITRE VI

## DE LA PORTÉE ET DES CLEFS DANS LE PLAIN-CHANT.

139. Le *plain-chant* est un genre de musique antérieur à la musique moderne, et d'une plus facile exécution. Ses sons pleins et tenus peuvent contribuer à former la voix des commençants. Il n'est usité que dans le ton d'ut et ses relatifs.

140. Le plain-chant étant destiné à être chanté par des voix d'hommes, à l'unisson, sans distinction de basse ou ténor, n'a que l'étendue commune à ces deux voix, c'est-à-dire qu'il ne descend généralement pas où ne pourraient descendre les ténors, et ne monte pas où ne pourraient monter les basses.

141. A cause du peu d'étendue exigée par cette combinaison, sa *portée ordinaire* n'a que quatre lignes, et sa *grande portée*, six lignes seulement.

142. On ne se sert dans le plain-chant que de la *clef de FA* ou de la *clef d'*ut qui servent à déterminer l'endroit où se trouvent, dans la portée de six lignes, les quatre lignes dont on fait usage dans la portée ordinaire.

**143.** Les *dièses* et les *bémols* se placent devant les notes qu'ils affectent et n'ont d'effet que sur ces notes.

**144.** Les *lignes supplémentaires* sont en usage dans le plain-chant comme dans la musique.

**145.** Voici la suite des notes dont on peut faire usage dans le plain-chant; ces notes sont toutes renfermées dans la grande portée de six lignes.

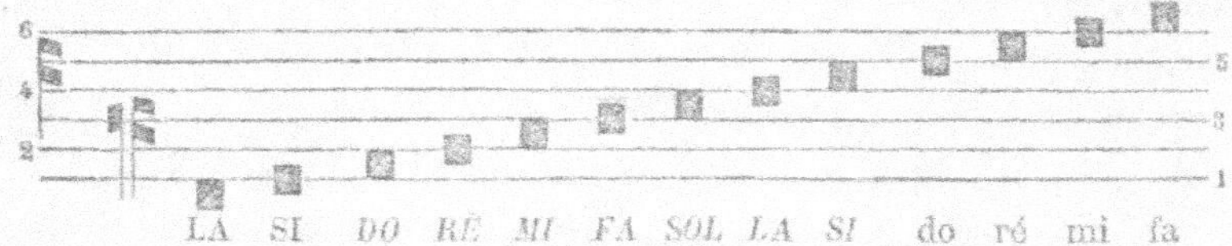


**146.** Les trois portées ordinaires se composent ainsi :

En prenant les lignes 1, 2, 3, 4 de la grande portée, la *clef de FA* est placée sur la troisième ligne. Les notes qu'on peut écrire sur cette portée, sans avoir recours aux lignes supplémentaires, sont : LA, SI, *DO, RÉ, MI, FA, SOL, LA, SI,* ainsi placées :

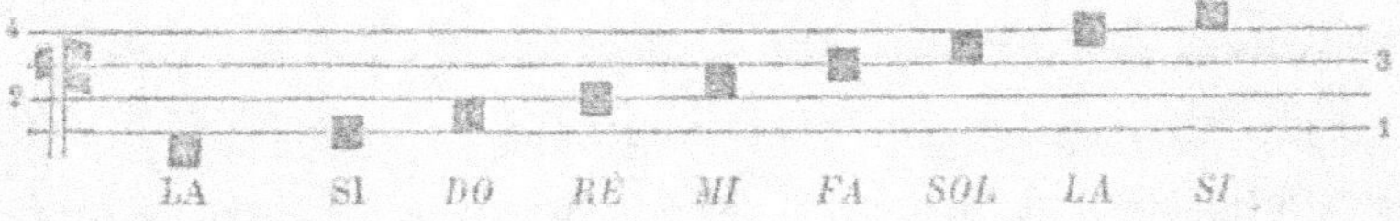


**147.** En prenant les lignes 2, 3, 4, 5 de la grande portée, la *clef d'*ut est placée sur la *4ᵉ ligne.* Les notes qu'on peut écrire sur cette portée sont : *DO, RÉ, MI, FA, SOL, LA, SI,* do, ré, ainsi placées :

**148.** En prenant les lignes 3, 4, 5, 6 de la grande portée, la clef d'ut est placée sur la 3ᵉ ligne. Les notes qu'on pourra écrire sur cette portée sont: *MI, FA, SOL, LA, SI,* do, ré, mi, fa, ainsi placées :

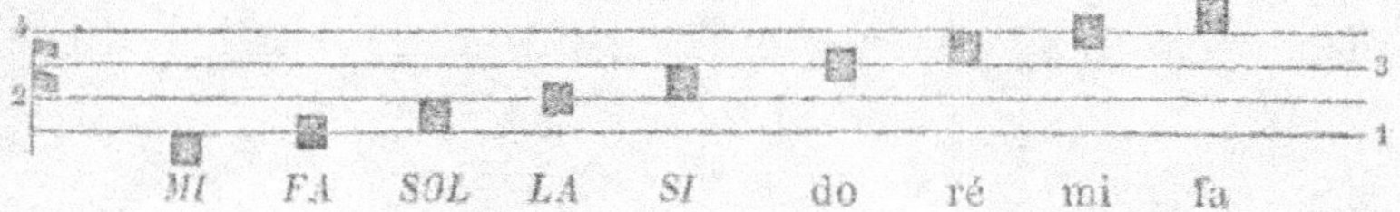


**149.** Voici comment on peut former les portées du plainchant au moyen de celles de la musique :

En supprimant de la grande portée musicale la 1re et les 4 dernières lignes, on forme la grande portée du plain-chant.

**150.** En supprimant la 1re ligne de la portée avec clef de *FA* 4e, ou la dernière ligne de la portée avec clef de *FA* 3e ligne, on obtient la portée du plain-chant avec clef de *FA*.

**151.** En supprimant la 5e ligne de la portée avec clef d'ut, 4e ligne, on obtient la portée du plain-chant avec clef d'ut, 4e ligne.

**152.** On obtient la portée du plain-chant avec clef d'ut, 3e ligne, en supprimant la 1re ligne de la portée musicale avec clef d'ut, 4e ligne, ou la dernière ligne de la portée musicale avec clef d'ut, 3e ligne.

**153.** Il résulte de cette formation que, lorsqu'on connaît les clefs de la musique, celles du plain-chant ne présentent aucune difficulté nouvelle.

---

# CHAPITRE VII

## DU RHYTHME ET DE LA MESURE

**154.** La *durée* d'un son est le temps plus ou moins long pendant lequel on le soutient. Elle est indiquée par la forme de la note, mais seulement d'une manière relative.

155. L'unité de durée est la *ronde* ○ ou entière, qui se subdivise ainsi :

En  2 *blanches*          ♩ ou demies ;

En  4 *noires*           ♩ ou quarts ;

En  8 *croches*          ♪ ou huitièmes ;

En 16 *doubles-croches*  ♬ ou seizièmes ;

En 32 *triples-croches*  ou trente-deuxièmes ;

En 64 *quadruples-croches*  ou soixante-quatrièmes

156. La durée du temps plus ou moins long pendant lequel un son est interrompu est marqué par d'autres signes appelés *silences*, dont la valeur correspond à celle des signes déjà mentionnés.

157. L'unité de durée des silences est la *pause* ▬ ou silence entier, ainsi subdivisée :

En  2 demi-pauses          ▬ ou demi-silences ;

En  4 soupirs              ou quarts de silence ;

En  8 demi-soupirs         ou huitièmes de silence ;

En 16 quarts de soupirs    ou seizièmes de silence ;

En 32 huitièmes de soupirs  ou trente-deuxièmes de silence

En 64 seizièmes de soupirs  ou soixante-quatrièmes de silence.

158. La ⎓ vaut une 𝅝

La ⌐ vaut une 𝅗𝅥

Le ⸱ vaut une 𝅘𝅥

Le ⸴ vaut une 𝅘𝅥𝅮

Le ⸶ vaut une 𝅘𝅥𝅯

Le ⸸ vaut une 𝅘𝅥𝅰

Le ⸺ vaut une 𝅘𝅥𝅱

159. Lorsqu'on met un point à la suite d'une note (ou d'un silence), sa durée augmente de moitié. Ainsi :

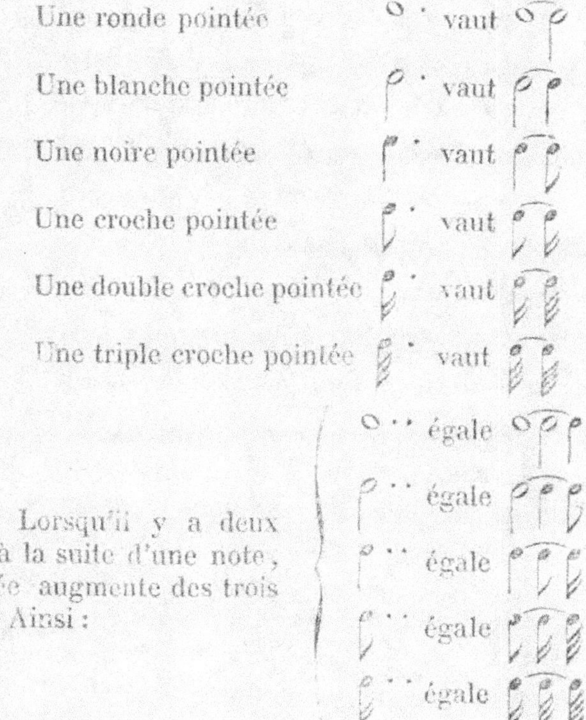

Une ronde pointée     𝅝 · vaut

Une blanche pointée     𝅗𝅥 · vaut

Une noire pointée     𝅘𝅥 · vaut

Une croche pointée     𝅘𝅥𝅮 · vaut

Une double croche pointée     𝅘𝅥𝅯 · vaut

Une triple croche pointée     𝅘𝅥𝅰 · vaut

𝅝 ·· égale

𝅗𝅥 ·· égale

160. Lorsqu'il y a deux points à la suite d'une note, sa durée augmente des trois quarts. Ainsi :

𝅘𝅥 ·· égale

𝅘𝅥𝅮 ·· égale

𝅘𝅥𝅯 ·· égale

161. Le *rhythme* est la combinaison des valeurs des sons et des silences.

162. Cette combinaison a lieu par groupes égaux appelés *mesures*, dont la valeur est indiquée au commencement des morceaux par des signes particuliers.

163. Ces mesures se subdivisent en valeurs égales appelées *temps*.

164. Il y a deux classes de mesures :

1º Les *mesures simples* ou binaires, dont chaque temps se divise en 2, en 4, en 8 ou en 16.

2º Les *mesures composées* ou ternaires, dont chaque temps se divise en 3, en 6, en 12 ou en 24.

165. Les mesures simples sont :

La *mesure à quatre temps* ou 4/4 qui s'écrit $\mathbf{C}$

La *mesure à trois-quatre* ou 3/4 qui s'écrit $\frac{3}{4}$

La *mesure à deux-quatre* ou 2/4 qui s'écrit $\frac{2}{4}$

La *mesure à trois-huit* ou 3/8 qui s'écrit $\frac{3}{8}$

166. Les mesures composées sont :

La *mesure à six-huit* ou 6/8 qui s'écrit $\frac{6}{8}$

La *mesure à neuf-huit* ou 9/8 qui s'écrit $\frac{9}{8}$

La *mesure à douze-huit* ou 12/8 qui s'écrit $\frac{12}{8}$

167. Il est à remarquer que, des deux nombres qui servent à déterminer chaque espèce de mesure, le deuxième indique la valeur des notes, et le premier la quantité des notes de cette valeur qu'on peut faire entrer dans chaque mesure. Ainsi, 4 représentant des noires, la mesure à $\frac{3}{4}$ renferme toujours en notes ou en silences la valeur de trois noires; 8 représentant des croches, la mesure à $\frac{9}{8}$ renferme toujours en notes ou en silences la valeur de 9 croches.

168. Afin de faciliter la division du rhythme, on a pris l'habitude de faire pour chaque temps un mouvement de la main, et de varier ces mouvements égaux selon qu'ils servent à distinguer le premier, le deuxième, le troisième ou le quatrième temps de chaque mesure. Cela s'appelle *battre la mesure*.

169. Les mesures à quatre temps sont : $\mathbf{C}$ et $\frac{12}{8}$ et se battent ainsi :

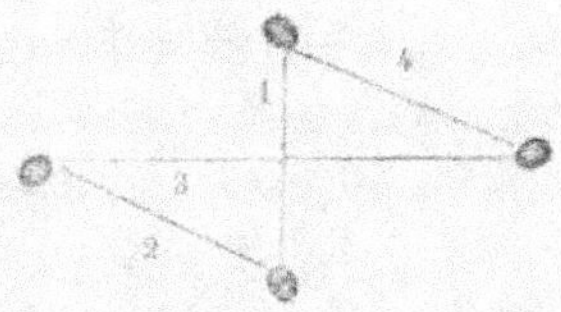

Premier temps, de haut en bas; deuxième temps, de bas à gauche; troisième temps, de gauche à droite; quatrième temps, de droite en haut.

170. Les mesures à trois temps sont : $\frac{3}{4}$, $\frac{3}{8}$ et $\frac{9}{8}$, et se battent ainsi :

Premier temps, de haut en bas; deuxième temps, de bas à droite; troisième temps, de droite en haut.

171. Les mesures à deux temps sont $\frac{2}{4}$ et $\frac{6}{8}$ qui se battent ainsi :

Premier temps, de haut en bas; deuxième temps, de bas en haut.

172. Les mesures sont séparées les unes des autres par des barres verticales, appelées *barres de mesures*.

173. On se sert de la pause entière (qui a la valeur d'une

ronde) pour représenter une mesure entière. Elle prend alors exceptionnellement la valeur de cette mesure.

174. Lorsque dans une mesure binaire on veut accidentellement donner à une noire la division ternaire, on se sert de trois croches qui prennent ensemble la valeur de cette noire, et on met au-dessus le chiffre 3.

Ces groupes de notes s'appellent *triolets*.

175. Lorsqu'on veut prolonger un son ou un silence au-delà du temps marqué par son signe, on se sert du *point-d'orgue* ou *fermat*, ⌢ qu'on place au-dessus de la note ou du silence.

Il va sans dire que, dans ce cas, le mouvement de la mesure doit être interrompu.

176. Le *métronome* est un instrument qui donne la valeur absolue des durées. A son défaut, on peut se servir des indications suivantes pour obtenir la durée absolue.

177. Lorsqu'on chante en marchant, les pas servent à marquer la mesure, de manière que chaque pas ait la valeur d'un temps. Quelque soit la lenteur qu'on ait l'intention de donner à chacun des pas, il y aura toujours un moment où, ayant levé le pied, on sera forcé de le poser à terre. En faisant des pas dans cette condition, on aura le mouvement le plus lent.

178. Quelque vite que l'on courre, la vitesse des pas aura toujours une limite. La succession des pas dans la course la plus précipitée donnera une idée du mouvement le plus vif.

179. C'est donc au moyen de la marche qu'on peut avoir une idée à peu près exacte de la *durée absolue*, autrement dit, des *mouvements*.

180. Les mouvements sont indiqués au commencement des morceaux par des mots italiens. Voici les principaux en com-

mençant par ceux qui indiquent les mouvements les plus lents, avec leur valeur déterminée par la marche.

GRAVE. — Le pas le plus lent qu'il soit possible de faire.

LENTO, LARGO et son diminutif *Larghetto*. — Avec l'intention de ralentir le pas sans s'exposer à perdre l'équilibre.

ADAGIO. — Marche posée comme dans une promenade.

ANDANTE et son diminutif *Andantino*. — Aller sans intention de se presser.

ALLEGRETTO. — Marche un peu vive.

ALLEGRO. — Marche précipitée.

PRESTO. — Course modérée.

PRESTISSIMO. — Course rapide.

181. Il est facile de se rendre compte d'un mouvement en faisant, avant de battre la mesure, les pas correspondant aux mots italiens écrits en tête de chaque morceau.

## EXPLICATION DE QUELQUES SIGNES QUI N'ONT RAPPORT NI A L'INTONATION NI AU RHYTHME

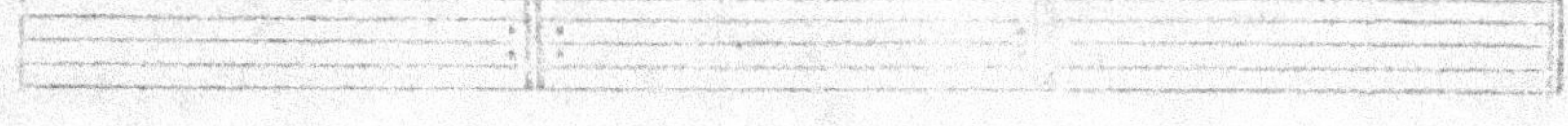

182. Pour marquer la fin d'un morceau ou ses divisions d'une certaine étendue, on se sert de la *double-barre*.

183. Les deux points à gauche d'une double-barre se nomment *reprise*. Ils indiquent une seconde répétition du morceau, à partir d'une double-barre placée auparavant et ayant des points à droite ; ou à partir du commencement du morceau, s'il n'y a pas de double-barre.

184. Le renvoi 𝄋 se place au commencement et à la fin du

morceau, et indique qu'après avoir chanté le morceau en entier, il faut le reprendre pour continuer jusqu'à une double-barre où se trouve le mot *FIN*.

185. Les signes suivants indiquent le degré de force qu'on doit donner aux sons à partir de l'endroit où ils sont placés.

*P* ou piano.       — Doux, en modérant l'éclat de la voix.

*PP* ou piànissimo. — Très-doux.

Dol. ou dolce.    — En donnant un peu plus de rondeur aux sons que dans le *P*.

*F* ou fort.        — En laissant toute liberté à la voix.

*FF* ou fortissimo — Avec la volonté d'augmenter l'intensité des sons, sans cependant arriver jusqu'à crier.

Cresc. ou     <     ou Crescendo. — En augmentant graduellement l'intensité, c'est-à-dire en passant par degrés insensibles du *PP* au *FF*.

Decresc. ou   >     ou Decrescendo. — En diminuant graduellement, c'est-à-dire en passant par degrés insensibles du *FF* au *PP*.

                 Réunion des deux signes précédents indiquant que les effets dont il vient d'être parlé doivent se succéder sans interruption.

186. Il y a d'autres termes italiens qui ont rapport à l'*expression*. Comme ils indiquent suffisamment le sentiment dont on doit se pénétrer en chantant le morceau qu'ils accompagnent, il n'est pas très-utile de les mentionner ici.

# CHAPITRE VIII

## DE LA TRANSPOSITION

187. — La *transposition* a pour but d'élever ou d'abaisser le ton d'un morceau tout en conservant aux notes leur position sur la portée.

188. Ce déplacement de la tonique, et par suite de toutes les autres notes de la gamme s'effectue en substituant à la clef avec laquelle le morceau est écrit une des six autres clefs, et en accompagnant cette dernière des dièzes ou des bémols nécessités par ce changement.

189. Ces clefs alors ne servent plus à désigner des sons fixes, mais seulement à changer le nom des notes sans les déplacer.

190. Lorsqu'un morceau est écrit dans le ton d'UT avec clef de sol et qu'on substitue à cette clef une clef d'ut première ligne, la tonique *ut* devient *LA*. Il faudra donc mettre à la clef d'ut trois dièzes ou quatre bémols, nécessaires pour constituer le ton de *LA*.

191. Si, à la clef de sol, on substitue la clef d'ut deuxième ligne, l'*ut* tonique devient *FA*. Il faudra donc accompagner cette clef d'un bémol ou de six dièzes nécessaires pour constituer le ton de *FA*.

192. En lui substituant la clef d'ut troisième ligne, l'*ut* tonique devient *RÉ*, et l'on ajoutera à cette nouvelle clef deux dièzes ou cinq bémols.

193. En lui substituant la clef d'ut, quatrième ligne, l'*ut* tonique devient *SI*, et l'on ajoutera à cette nouvelle clef deux bémols ou cinq dièzes.

**194.** En lui substituant la clef de *FA*, troisième ligne, l'*ut* tonique devient *SOL*, et l'on ajoutera un dièze ou six bémols.

**195.** En lui substituant la clef de *FA*, quatrième ligne, l'*ut* tonique devient *MI*, et l'on ajoutera trois bémols ou quatre dièzes.

**196.** On voit par ce qui précède que ces divers changements de clef ont eu pour effet de faire passer la tonique par tous les degrés de la gamme, savoir : en *ut*; 3ᵉ, en *ré*; 4ᵉ, en *mi*; 2ᵉ, en *fa*; 3ᵉ, en *sol*; 1ʳᵉ, en *la*; 4ᵉ, en *si*.

**197.** La transposition de la tonique entraîne naturellement la transposition identique de toutes les autres notes de la gamme. On peut donc, à l'aide des sept clefs, opérer toutes les transpositions imaginables, quelle que soit l'altération des sons, puisque cette altération ne change pas leur position.

**198.** La *transposition* se fait mentalement, c'est-à-dire en supposant à la place de la clef écrite une autre clef accompagnée de l'armure qui lui convient.

**199.** L'usage des tableaux suivants permettra de faire toutes les transpositions sans avoir recours à aucun calcul.

**200.**　　　　　　TABLEAU DES ARMURES.

| 1 | 2 | 3 | 4 | 5 | 6 | 7 | 8 | 9 | 10 | 11 | 12 | 13 | 14 | 15 |
|---|---|---|---|---|---|---|---|---|---|---|---|---|---|---|
| ut | sol | ré | la | mi | si | fa | do | sol | ré | la | mi | si | fa | do |
| 7♭ | 6♭ | 5♭ | 4♭ | 3♭ | 2♭ | ♭ | ♮ | ♯ | 2♯ | 3♯ | 4♯ | 5♯ | 6♯ | 7♯ |
| ou | ou | ou | ou | ou | ou | ou | ou | ou | ou | ou | ou | ou | ou | ou |
| ♮ | ♯ | 2♯ | 3♯ | 4♯ | 5♯ | 6♯ | 7♯ | 6♭ | 5♭ | 4♭ | 3♭ | 2♭ | 1♭ | ♮ |

201. Le premier nom de chaque case indique le nom de la tonique qui pourra être diézée ou bémolisée, selon l'effet que produira sur elle celle des deux armures placées au-dessous, dont on accompagnera la clef.

202. Pour savoir quelle sera l'armure avec laquelle on accompagnera la clef transpositrice, on cherchera la case où se trouve le ton primitif, et on comptera après elle autant de cases qu'il en sera indiqué dans le tableau ci-après par le chiffre suivant la clef transpositrice. La dernière case donnera l'armure de la clef transpositrice.

203   TRANSPOSITION DES MORCEAUX ÉCRITS EN

| CLEF PRIMITIVE | CLEF TRANSPOSITRICE | NOMBRE de cases à compter après celle de l'armure primitive | EFFET SUR LA TONIQUE |
|---|---|---|---|
| | | 1 | Élevée d'une quinte ou abaissée d'une quarte. |
| | | 2 | Élevée d'une seconde ou abaissée d'une septième. |
| | | 3 | Élevée d'une sixte ou abaissée d'une tierce. |
| | | 4 | Élevée d'une tierce ou abaissée d'une sixte. |
| | | 5 | Élevée d'une septième ou abaissée d'une seconde. |
| | | 6 | Élevée d'une quarte ou abaissée d'une quinte. |

**204** TRANSPOSITION DES MORCEAUX ÉCRITS EN 

| CLEF PRIMITIVE | CLEF TRANSPOSITRICE | NOMBRE de cases à compter après celle de l'armure primitive | EFFET SUR LA TONIQUE |
|---|---|---|---|
|  |  | 1 | Élevée d'une quinte ou abaissée d'une quarte. |
|  |  | 2 | Élevée d'une seconde ou abaissée d'une septième. |
|  |  | 3 | Élevée d'une sixte ou abaissée d'une tierce. |
|  |  | 4 | Élevée d'une tierce ou abaissée d'une sixte. |
|  |  | 5 | Élevée d'une septième ou abaissée d'une seconde. |
|  |  | 6 | Élevée d'une quarte ou abaissée d'une quinte. |

**205** TRANSPOSITION DES MORCEAUX ÉCRITS EN 

| CLEF PRIMITIVE | CLEF TRANSPOSITRICE | NOMBRE de cases à compter après celle de l'armure primitive | EFFET SUR LA TONIQUE |
|---|---|---|---|
|  |  | 1 | Élevée d'une quinte ou abaissée d'une quarte. |
|  |  | 2 | Élevée d'une seconde ou abaissée d'une septième. |
|  |  | 3 | Élevée d'une sixte ou abaissée d'une tierce. |
|  |  | 4 | Élevée d'une tierce ou abaissée d'une sixte. |
|  |  | 5 | Élevée d'une septième ou abaissée d'une seconde. |
|  |  | 6 | Élevée d'une quarte ou abaissée d'une quinte. |

206    TRANSPOSITION DES MORCEAUX ÉCRITS EN 

| CLEF PRIMITIVE | CLEF TRANSPOSITRICE | NOMBRE de cases à compter après celle de l'armure primitive | EFFET SUR LA TONIQUE |
|---|---|---|---|
|  |  | 1 | Élevée d'une quinte ou abaissée d'une quarte. |
|  |  | 2 | Élevée d'une seconde ou abaissée d'une septième. |
|  |  | 3 | Élevée d'une sixte ou abaissée d'une tierce. |
|  |  | 4 | Élevée d'une tierce ou abaissée d'une sixte. |
|  |  | 5 | Élevée d'une septième ou abaissée d'une seconde. |
|  |  | 6 | Élevée d'une quarte ou abaissée d'une quinte. |

207    TRANSPOSITION DES MORCEAUX ÉCRITS EN 

| CLEF PRIMITIVE | CLEF TRANSPOSITRICE | NOMBRE de cases à compter après celle de l'armure primitive | EFFET SUR LA TONIQUE |
|---|---|---|---|
|  |  | 1 | Élevée d'une quinte ou abaissée d'une quarte. |
|  |  | 2 | Élevée d'une seconde ou abaissée d'une septième. |
|  |  | 3 | Élevée d'une sixte ou abaissée d'une tierce. |
|  |  | 4 | Élevée d'une tierce ou abaissée d'une sixte. |
|  |  | 5 | Élevée d'une septième ou abaissée d'une seconde. |
|  |  | 6 | Élevée d'une quarte ou abaissée d'une quinte. |

## 208 — TRANSPOSITION DES MORCEAUX ÉCRITS EN

| CLEF PRIMITIVE | CLEF TRANSPOSITRICE | NOMBRE de cases à compter après celle de l'armature primitive | EFFET SUR LA TONIQUE |
|---|---|---|---|
|  |  | 1 | Élevée d'une quinte ou abaissée d'une quarte. |
|  |  | 2 | Élevée d'une seconde ou abaissée d'une septième. |
|  |  | 3 | Élevée d'une sixte ou abaissée d'une tierce. |
|  |  | 4 | Élevée d'une tierce ou abaissée d'une sixte. |
|  |  | 5 | Élevée d'une septième ou abaissée d'une seconde. |
|  |  | 6 | Élevée d'une quarte ou abaissée d'une quinte. |

## 209 — TRANSPOSITION DES MORCEAUX ÉCRITS EN

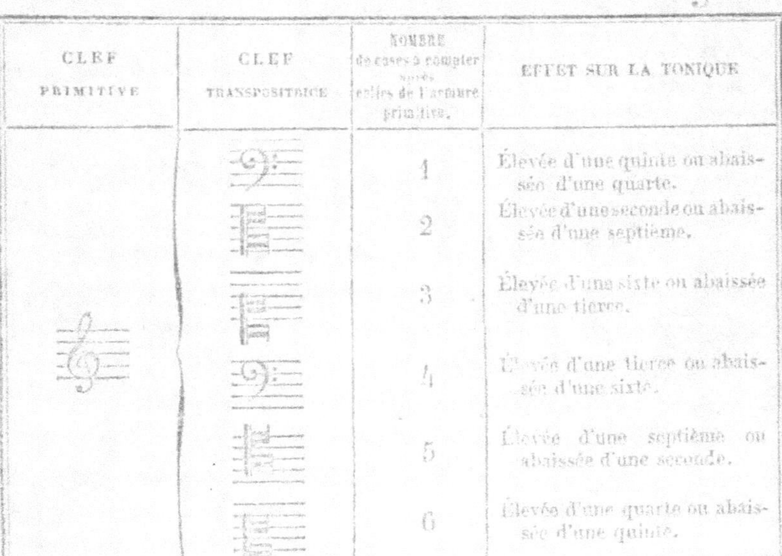

| CLEF PRIMITIVE | CLEF TRANSPOSITRICE | NOMBRE de cases à compter après celle de l'armature primitive. | EFFET SUR LA TONIQUE |
|---|---|---|---|
|  |  | 1 | Élevée d'une quinte ou abaissée d'une quarte. |
|  |  | 2 | Élevée d'une seconde ou abaissée d'une septième. |
|  |  | 3 | Élevée d'une sixte ou abaissée d'une tierce. |
|  |  | 4 | Élevée d'une tierce ou abaissée d'une sixte. |
|  |  | 5 | Élevée d'une septième ou abaissée d'une seconde. |
|  |  | 6 | Élevée d'une quarte ou abaissée d'une quinte. |

# AVIS

## SUR L'EMPLOI DE CET OUVRAGE

---

### PROCÉDÈS A SUIVRE POUR EXÉCUTER LES EXERCICES DE LA DEUXIÈME PARTIE

Tous les exercices de cette partie sont écrits avec deux clefs ;
la première est la clef transpositrice, la seconde est la clef
primitive.

On commencera par lire toute la leçon avec la clef primitive
en faisant les notes égales, et en donnant une valeur double
à celles qui sont suivies d'une barre , et cela, le plus lentement
possible. On recommencera plusieurs fois la même leçon en
augmentant chaque fois la vitesse, de manière qu'à la dernière
fois, il ne soit plus possible d'aller plus vite.

Les noms écrits au-dessus de la portée sont ceux des notes
de la clef primitive. Ils servent à aider l'exécutant dans chaque
nouvelle intonation. Ces noms écrits avec différents caractères
représentent des sons fixes, et se rapportent à l'échelle inva-
riable, représentée par la grande portée. Il est donc essentiel,
avant de commencer, de prendre exactement le ton des notes
qu'elles représentent à l'aide d'un instrument ou d'un
diapason.

## PROCÉDÉS A SUIVRE POUR EXÉCUTER LES EXERCICES DE LA TROISIÈME PARTIE

On lira cinq fois chaque leçon sur la clef primitive en donnant à chaque exécution un des mouvements suivants : *lento*, *adagio*, *andante*, *allegro*, *presto*, augmentant ainsi graduellement la vitesse.

Les notes placées en tête de chaque leçon, et qui ne sont pas écrites sur la portée, représentent le rhythme, abstraction faite du son.

On prendra d'abord chaque mesure, et on la répétera huit fois sur une même note, soit la tonique de l'exercice suivant, ce qui fera huit exercices ; ensuite, après avoir lu le premier exercice écrit sur la portée, on le relira huit fois en donnant chaque fois, aux notes qui remplissent la mesure, le rhythme d'une des huit mesures écrites en tête de chaque leçon ; ce qui donnera, outre l'exercice écrit, huit exercices.

Ces substitutions donneront pratiquement une idée de la comparaison des valeurs entre elles.

---

## PROCÉDÉS A SUIVRE POUR LA LECTURE AVEC LES CLEFS TRANSPOSITRICES

Pour la lecture avec les clefs transpositrices, on suivra les procédés qui viennent d'être indiqués pour la clef primitive, en observant toutefois que les noms des notes destinés à aider l'exécutant dans la lecture avec la clef transpositrice sont placés au-dessous de la portée.

Pour qu'une même voix exécutât sur les sept clefs, il faudrait qu'elle eût une étendue de quatre octaves, ce qui n'est pas, les voix les plus étendues n'ayant que deux octaves. Une seule voix ne peut lire toutes les clefs qu'à la condition d'octavier. Lorsque les exigences de la voix nécessiteront de chanter un octave trop haut ou trop bas, il sera bon d'en faire la remarque.

Il est essentiel de n'étudier les clefs transpositrices qu'après s'être bien familiarisé avec l'intonation et le rhythme sur la clef primitive ; la lecture de la clef transpositrice ne présentera alors d'autre difficulté que celle de la position. On n'en commencera donc l'étude qu'après avoir lu la deuxième et la troisième partie avec la clef primitive.

Voici l'ordre dans lequel il serait convenable de les étudier :

1º En suivant l'ordre des clefs :

Avec clef de fa 4ᵐᵉ ligne, leçons 8, 18, 45, 26, 40, 15, 43, 34, 44 et 16 ;

Avec clef de fa 3ᵐᵉ ligne, leçons 11, 1ʳᵉ, 30, 44, 37, 43, 12, 20, 45 et 36 ;

Avec clef d'ut 4ᵐᵉ ligne, leçons 7, 43, 24, 25, 45, 39, 21, 44, 4 et 31 ;

Avec clef d'ut 3ᵐᵉ ligne, leçons 10, 19, 3, 44, 42, 13, 45, 32, 41 et 43.

Avec clef d'ut 2ᵐᵉ ligne, leçons 6, 44, 17, 43, 28, 33, 45, 2, 27 et 35 ;

Avec clef d'ut 1ʳᵉ ligne, leçons 9, 45, 22, 23, 5, 14, 29, 43, 38 et 44.

2º En suivant l'ordre des tons :

En ut, leçons 1, 2, 3, 4, 5, 16, 9, 45, 6, 44, 10, 7, 43, 11 et 8 ;

En sol, leçons 6, 21, 30, 34, 34, 38, 42, 44, 22, 17, 43, 19, 24, 1ʳᵉ, 38 et 45 ;

En ré, leçons 7, 15, 17, 29, 37, 41, 43, 23, 28, 3, 25, 45, 30, 44 et 26;

En la, leçons 8, 14, 24, 28, 32, 36, 5, 33, 45, 42, 44, 39, 37, 43 et 40;

En fa, leçons 11, 19, 13, 17, 30, 40, 14, 2, 13, 45, 21, 44, 12, 15 et 43;

En si, leçons 10, 12, 22, 26, 35, 39, 29, 43, 27, 32, 4, 44, 20, 45 et 34;

En mi, leçons 9, 13, 18, 20, 25, 33, 45, 38, 44, 35, 41, 43, 31, 36 et 16.

3º En suivant l'ordre de l'ouvrage et lisant chaque leçon avec la clef transpositrice, immédiatement après l'avoir lue avec la clef primitive.

4º En suivant l'ordre de l'ouvrage, et chantant chaque leçon sept fois en la transposant chaque fois sur une clef différente.

L'observation exacte de ces procédés mènera infailliblement à la lecture musicale sur toutes les clefs et dans tous les tons.

## OBSERVATIONS SUR LES EXERCICES DE LA QUATRIÈME PARTIE.

Les chœurs de cette partie, écrits avec deux clefs de *sol* et une clef de *fa*, devraient être exécutés par deux sopranos et une basse. Ils peuvent aussi être chantés à voix égales, c'est-à-dire à trois voix d'hommes, ou à trois voix d'enfants, sans avoir égard à la convenance des clefs pour chaque voix.

Les couplets à une seule partie peuvent être chantés par une seule voix, ou par la partie toute entière; cependant, une seule voix est préférable.

On ne peut guère employer d'autres transpositions que

celles qui sont indiquées, sans dénaturer le caractère des morceaux, et sans faire sortir les voix de leur diapason.

Pour faire étudier les chœurs, on divisera les exécutants en trois parties, suivant le genre de chaque voix. On fera solfier chaque partie séparément, en recommandant aux autres parties de solfier à demi-voix dans le même temps que celle dont on s'occupe. Lorsque chaque partie est solfiée convenablement, on vocalise, c'est-à-dire on donne le ton des notes sans les nommer, en les prononçant toutes sur une même syllabe, soit *la* ou *a*.

Il n'est pas absolument nécessaire de voir la méthode dans tous les détails avant d'exécuter la quatrième partie. Il serait bon, au contraire, d'en étudier un morceau de temps à autre, en commençant par les plus faciles, et de terminer chaque leçon par une exécution d'ensemble. Les élèves ayant ainsi une application immédiate de leurs études, trouveront plus attrayants les principes et les exercices, toujours un peu arides pour des commençants.

# DEUXIÈME PARTIE
## Intonation
### LEÇON I[RE]
#### Exercices préparatoires

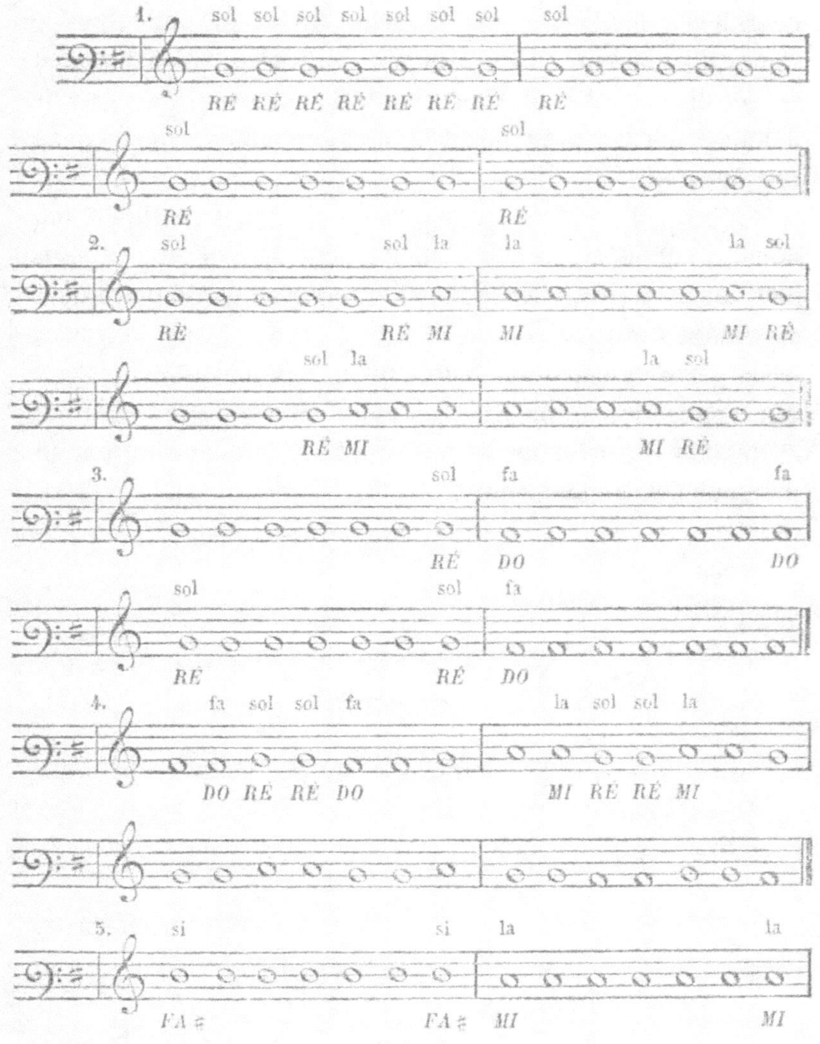

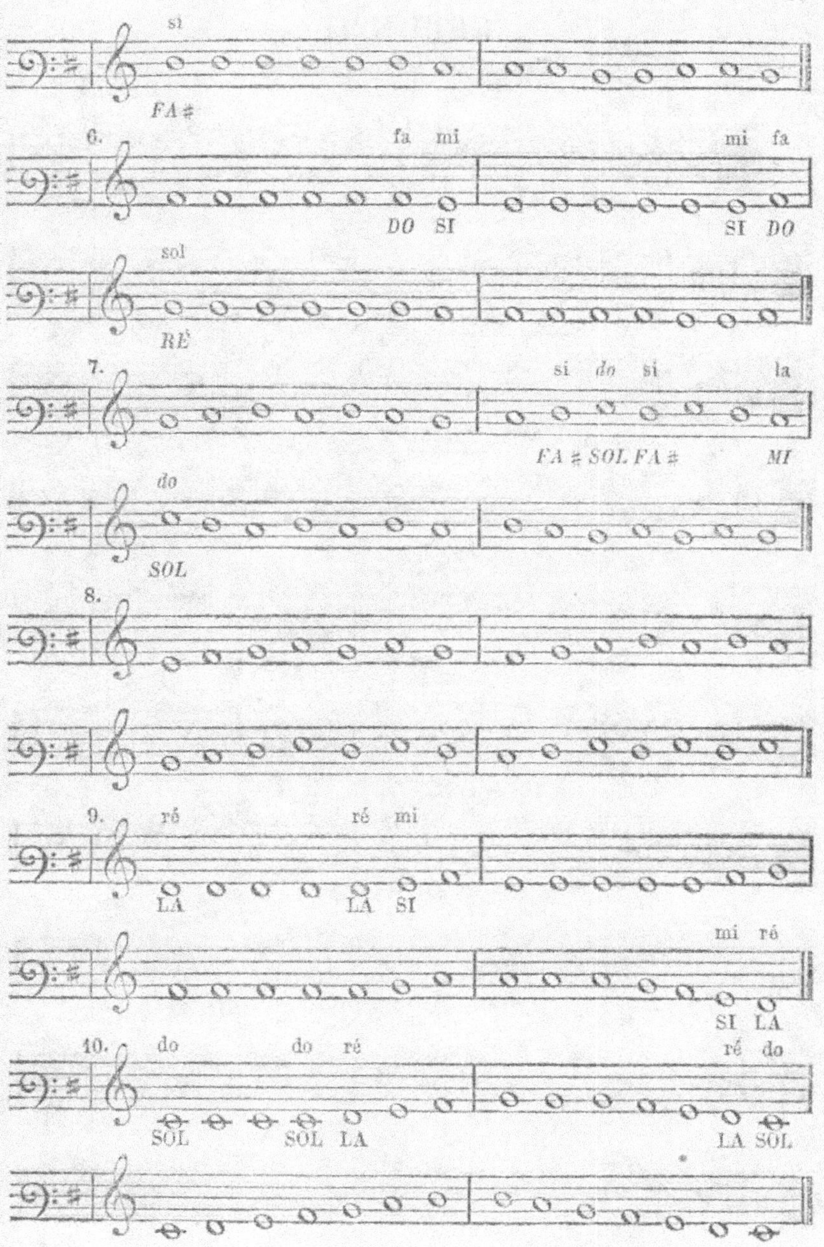
si
FA ♯
6.
fa    mi          mi    fa
DO   SI          SI   DO
sol
RÉ
7.
si  do  si        la
FA ♯ SOL FA ♯        MI
do
SOL
8.
9.    ré          ré  mi
LA          LA  SI
mi  ré
SI  LA
10.   do        do  ré          ré  do
SOL        SOL  LA          LA  SOL

# LEÇON II
## Exercices préparatoires

6. do SI do
FA MI FA
la do do la
ré sol sol ré
7. sol si si sol
do mi mi do
do mi mi do
FA LA LA FA
8. fa la la fa
SI♭ ré ré SI♭
mi sol sol mi
LA do do LA
9. do mi sol do do la sol mi do
FA LA do fa fa ré do LA FA
la do mi ré si sol fa ré
ré fa la sol mi do SI♭ SOL
10. do mi sol do mi mi do sol mi do
FA LA do fa la la fa do LA FA
mi sol sol mi
la do do la

# LEÇON III

## Ton d'UT. — Première étude des intervalles

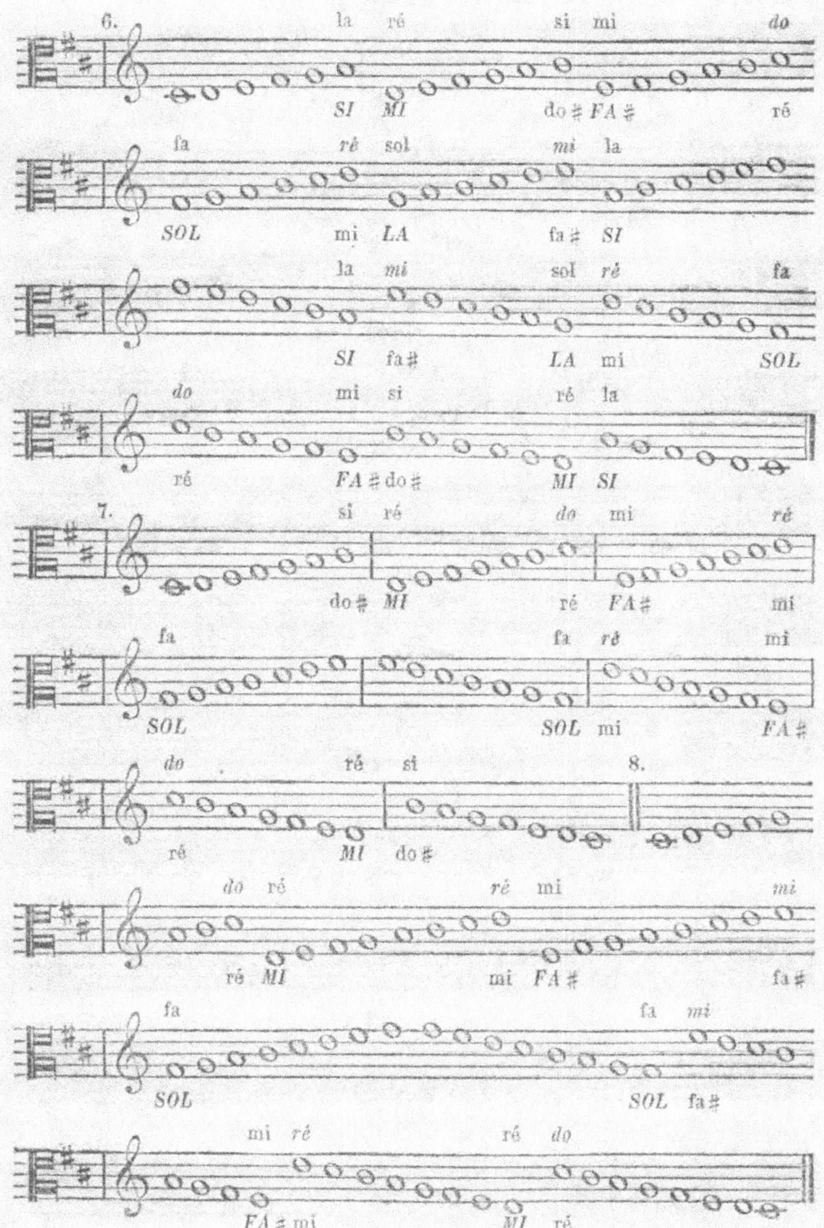

6.
la ré si mi do
SI MI do# FA# ré
fa ré sol mi la
SOL mi LA fa# SI
la mi sol ré fa
SI fa# LA mi SOL
do mi si ré la
ré FA# do# MI SI
7.
si ré do mi ré
do# MI ré FA# mi
fa fa ré mi
SOL SOL mi FA#
do ré si 8.
ré MI do#
do ré ré mi mi
ré MI mi FA# fa#
fa fa mi
SOL SOL fa#
mi ré ré do
FA# mi MI ré

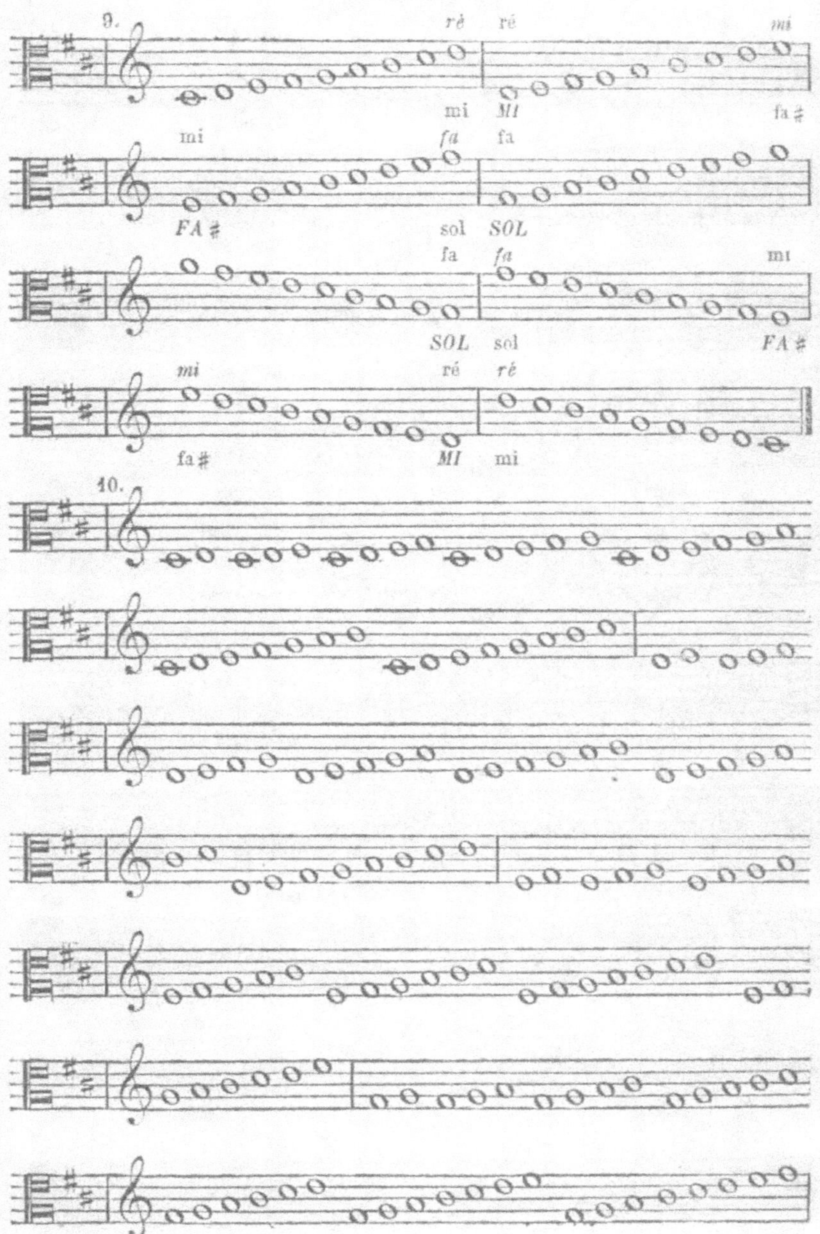
9.
ré ré mi
mi MI fa ♯
mi fa fa
FA ♯ sol SOL
fa fa mi
SOL sol FA ♯
mi ré ré
fa ♯ MI mi
10.

# LEÇON IV

## Ton d'UT. — Deuxième étude des intervalles

LA MI♭ LA        SI♭ FA SI♭        do SOL do
ré LA ré        mi♭ SI♭ mi♭
4.
5.
FA SI♭ FA        SOL DO SOL
LA RÉ LA        SI♭ MI♭ SI♭
do FA do        ré SOL ré
mi♭ LA mi♭        fa SI♭ fa

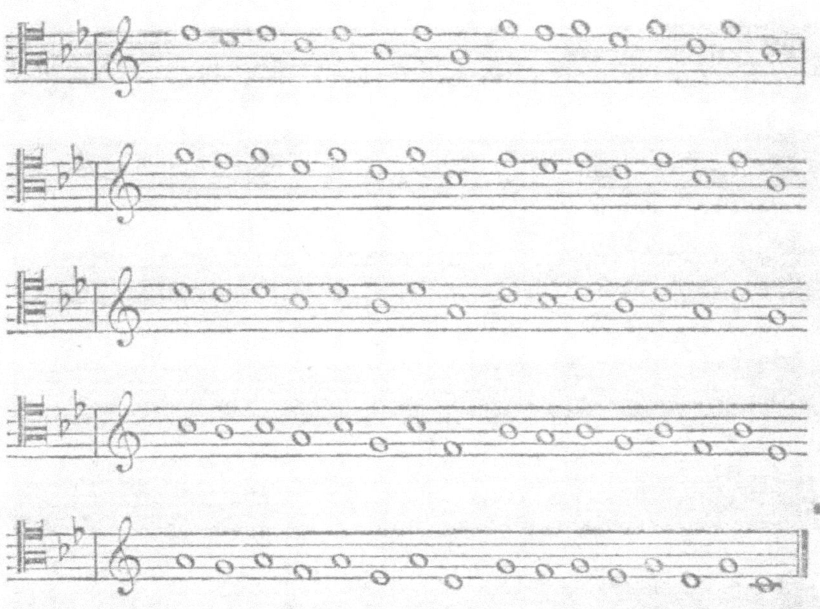

# LEÇON V

**Ton d'UT.** — Troisième étude des intervalles

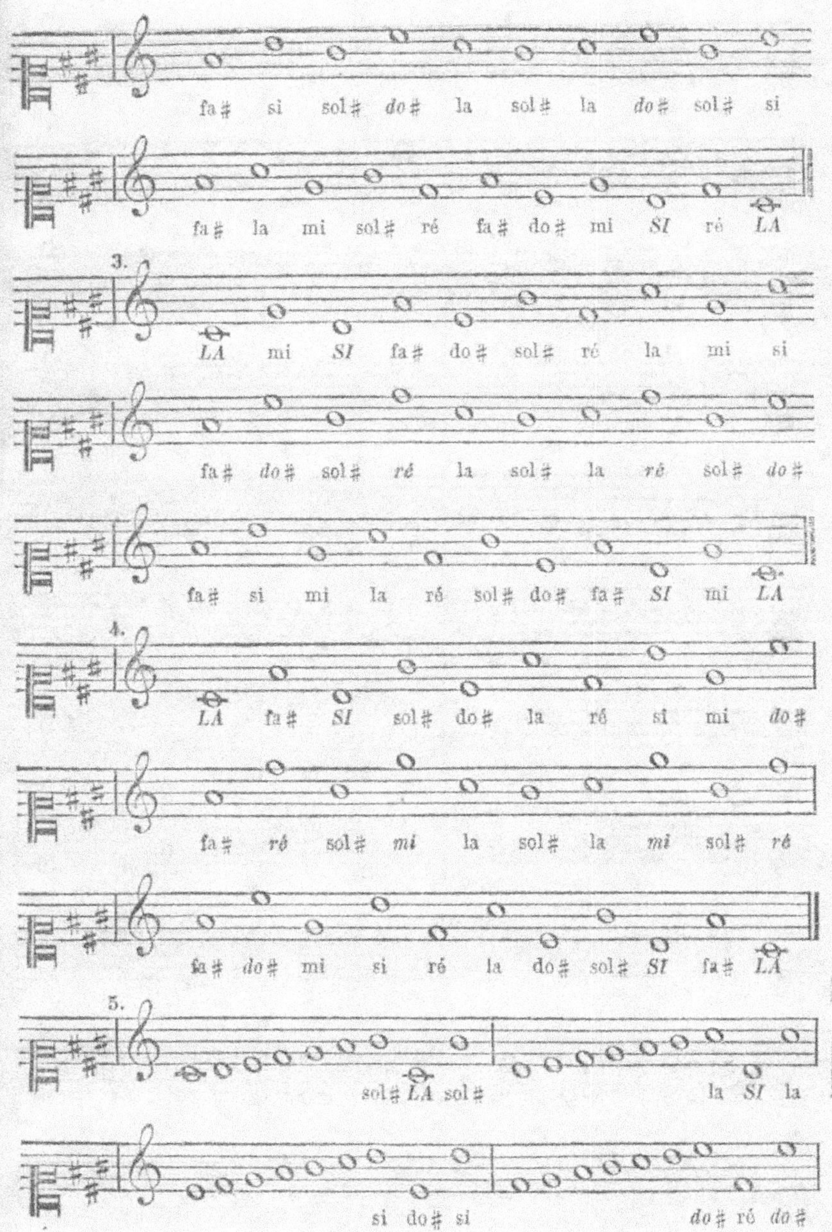
fa# si sol# do# la sol# la do# sol# si
fa# la mi sol# ré fa# do# mi SI ré LA
3.
LA mi SI fa# do# sol# ré la mi si
fa# do# sol# ré la sol# la ré sol# do#
fa# si mi la ré sol# do# fa# SI mi LA
4.
LA fa# SI sol# do# la ré si mi do#
fa# ré sol# mi la sol# la mi sol# ré
fa# do# mi si ré la do# sol# SI fa# LA
5.
sol# LA sol# la SI la
si do# si do# ré do#

6.
7.
la LA la
si SI si
do# do# do#
ré ré ré
8.

# LEÇON VI

## Ton de SOL. — Etude des intervalles renfermant FA ♯

9.
10.
SOL SI LA DO SI RÉ DO MI RÉ FA♯ MI SOL FA♯ LA SOL
do mi ré fa mi sol fa la sol si la do si ré do
FA♯ SOL LA FA♯ SOL MI FA♯ RÉ MI DO RÉ SI DO LA SI SOL
si do ré si do la si sol la fa sol mi fa ré mi do

# LEÇON VII

**Ton de RÉ.** — Etude des intervalles renfermant DO #

9.
10.    RÉ FA♯ MI SOL FA♯ LA SOL    LA DO♯ SI RÉ DO♯ MI RÉ
DO  MI  RÉ  FA  MI SOL FA LA        LA do SI    ré do
DO♯ RÉ MI DO♯ RÉ SI DO♯ LA    SOL LA FA♯ SOL MI FA♯ RÉ
4    SI  do  ré  SI  do LA        LA FA SOL MI  FA RÉ MI DO

# LEÇON VIII
## Ton de LA. — Étude des intervalles renfermant SOL #

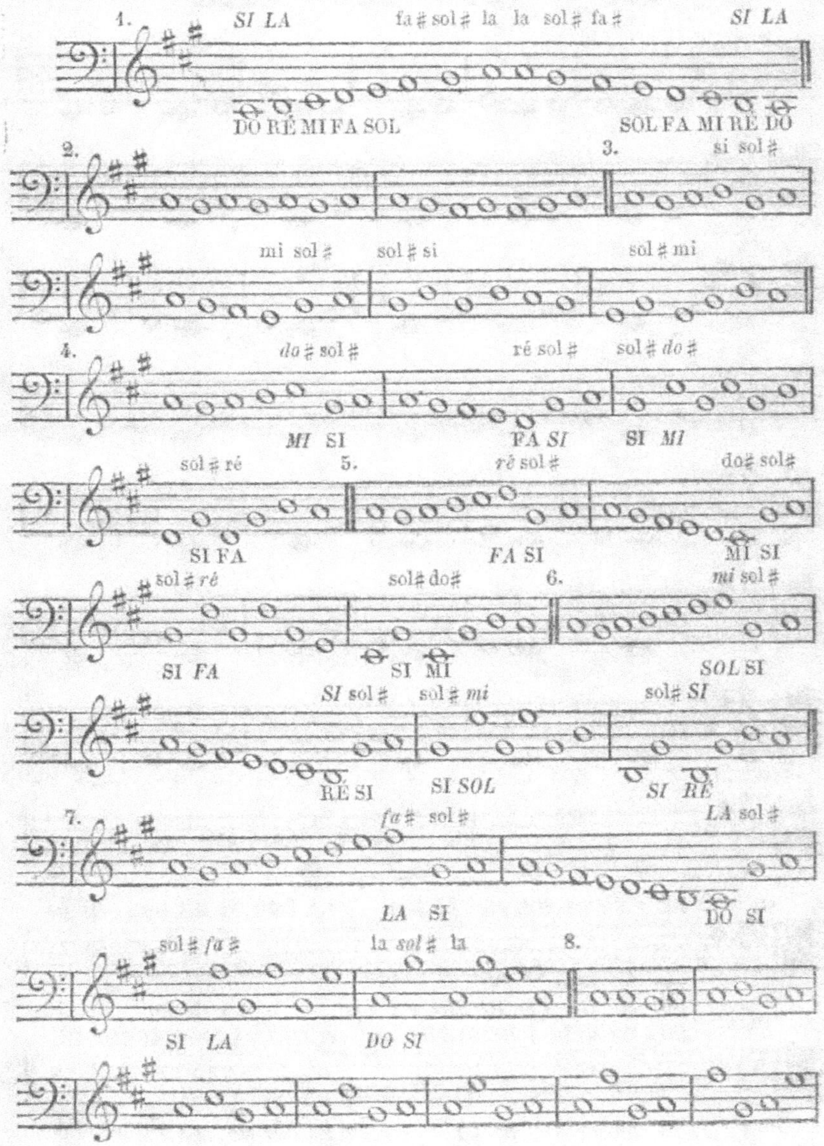

9.
10. LA RÉ RÉ SOL# MI LA SI SOL# do# LA
DO FA RÉ SOL MI LA FA SI SOL do LA ré SI mi do
SOL# LA do# SOL# SI LA MI SOL# RÉ RÉ LA
SI do mi SI ré LA do SOL SI FA LA MI SOL RÉ FA DO

# LEÇON IX

**Ton de MI.** — Etude des intervalles renfermant RÉ #

9.
10.
LA RÉ# SI
MI
RÉ# MI
SI RÉ# LA

# LEÇON X

**Ton de SI.** — Etude des intervalles renfermant **LA** ♯

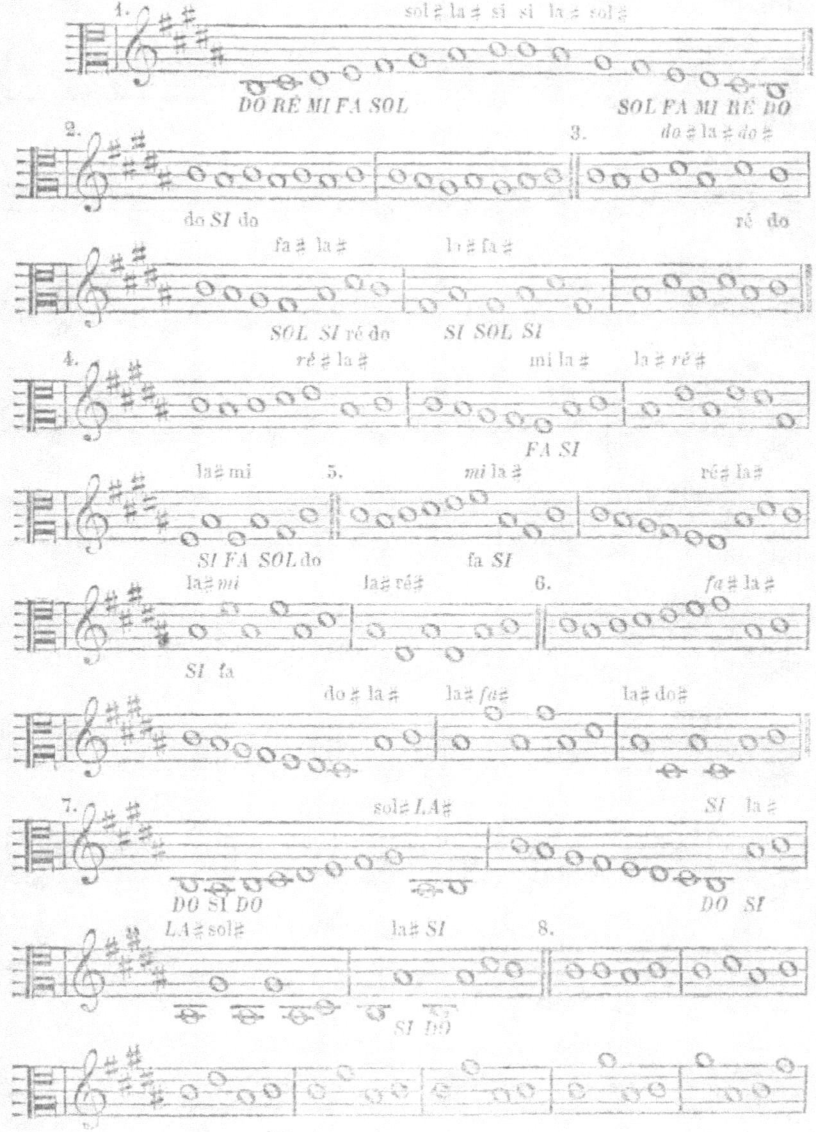

9.
10.
SI FA# DO# SOL# RÉ# LA# MI SI FA# do# SOL# ré# LA mi SI
do sol ré la do sol ré la mi fa do
LA# SI mi LA# ré# SOL# do# FA# SI MI LA# RÉ# SOL# DO# FA# SI
do fa la ré sol do fa si mi la ré sol do

# LEÇON XI

## Ton de FA. — Etude des intervalles

7.
si♭ mi
FA SI
si♭ do    mi si♭
FA SOL    SI FA
do si♭    8.    mi
SOL FA    SI
si♭    si♭ mi
FA    FA SI
mi SI♭ mi    9.    sol si♭
SI FA SI    RÈ FA
si♭ ré
FA LA
ré si♭    si♭ sol
10.    MI SI♭ FA    MI SI♭ FA
LA MI SI FA    LA mi SI fa do
FA SI♭ MI    FA SI♭ MI
SI do fa SI mi LA    FA SI MI LA

# LEÇON XII

**Ton de SI ♭. — Etude des intervalles renfermant SI ♭**

7.
la SI♭ ré
SI♭ la
8.
9.
10.
SI♭ MI♭ do     SOL mi♭ LA
fa SI♭ sol      ré si♭ mí
LA mi♭ SOL      do MI♭ SI♭
mi si♭ ré      sol SI♭ fa

# LEÇON XIII
## Ton de MI ♭. — Intervalles renfermant MI ♭

mi♭ sol
7.
ré mi♭ ré
fa mi♭
mi♭ fa
8.
9.
40.
MI♭ DO
SOL MI♭ LA♭
SI♭ MI♭
MI♭ SI♭
LA♭ MI♭ SOL

74

# LEÇON XIV

## Ton de LA♭. — Étude des intervalles renfermant LA♭

la ♭ do
7.
sol LA ♭ sol
SI ♭ la ♭
la ♭ SI ♭
8.
9.
10.    LA ♭ SOL SI ♭ LA ♭ DO    SI ♭ RE ♭ do
fa
LA ♭
fa
LA ♭    do RÉ ♭ SI ♭ DO LA ♭ SI ♭ SOL LA ♭

# LEÇON XV

## Ton de RÉ ♭. — Étude des intervalles renfermant RÉ ♭

réb fa
7.
do réb do
FA LA
MI FA MI
mib réb
SOL FA
réb mib
8.
FA SOL
9.
10.
RÉb RÉb
SOLb SOLb
RÉb réb
SIb SIb
réb RÉb
SOLb SOLb
RÉb RÉb
SIb SIb

# LEÇON XVI

**Tons de LA et de MI mineurs.** — Etude des passages chromatiques et des intervalles de septième diminuée, de seconde augmentée, de quarte diminuée et de quinte augmentée.

1.
2.
ré# do     ré# do      do ré#      do ré#
FA# MI♭      FA# MI♭      MI♭ FA#      MI♭ FA#
ré# sol      ré# sol      sol ré#      sol ré#
FA# SI♭      FA# SI♭      SI♭ FA#      SI♭ FA#
3.
do do# ré ré#
FA# MI♭      MI♭ MI FA FA#
ré# ré do# do
FA# FA MI MI♭
4.
5.
RÉ# do      RÉ# SOL      SOL RÉ#      do RÉ#
FA# mi♭      FA# SI♭      SI♭ FA#      mi♭ FA#
RÉ# DO      RÉ# SOL      SOL RÉ#
FA# MI♭      FA# SI♭      SI♭ FA#
RÉ# RÉ DO# DO      DO DO# RÉ RÉ#
FA# FA MI MI♭      MI♭ MI FA FA#

# LEÇON XVII

**Tons de SI et de FA ♯ mineurs.** — Etude des passages chromatiques et des intervalles de septième diminuée, de seconde augmentée, de quarte diminuée et de quinte augmentée.

1.
2.
mi♯ ré    mi♯ ré    ré mi♯    ré mi♯
LA♯ sol    LA♯ SOL    SOL LA♯    sol LA♯
mi♯ la    la mi♯    la mi♯
LA♯ ré    ré la♯    ré LA♯
3.
ré ré♯ mi mi♯
SOL SOL♯ LA LA♯
mi♯ mi ré♯ ré
LA♯ LA SOL♯ SOL
4.
5.
MI♯ RÉ    MI♯ RÉ    RÉ MI♯    RÉ MI♯
LA♯ sol    la♯ sol    sol la♯    sol LA♯
MI♯ MI RÉ♯ RÉ    RÉ RÉ♯ MI MI♯
la♯ la sol♯ sol    sol sol♯ la la♯

# LEÇON XVIII

**Tons de DO ♯ et de SOL ♯ mineurs.** — Etude des passages chromatiques et des intervalles de septième diminuée, de seconde augmentée, de quarte diminuée et de quinte augmentée. Emploi du ♯.

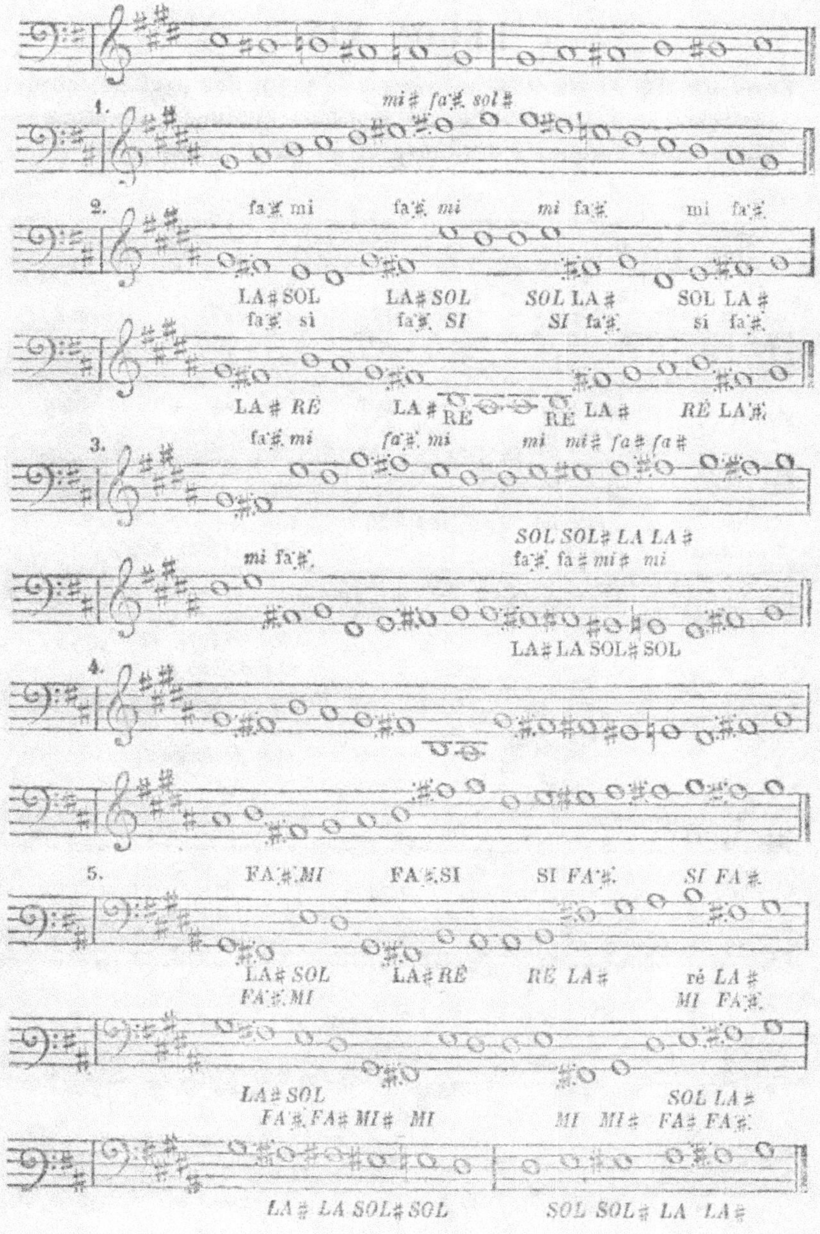
1.
mi # fa # sol #
2.
fa # mi     fa # mi     mi fa #     mi fa #
LA # SOL     LA # SOL     SOL LA #     SOL LA #
fa # si     fa # SI     SI fa #     si fa #
LA # RÉ     LA # RÉ     RÉ LA #     RÉ LA #
3.
fa # mi     fa # mi     mi mi # fa # fa #
SOL SOL # LA LA #
fa # fa # mi # mi
mi fa #
LA # LA SOL # SOL
4.
5.
FA # MI     FA # SI     SI FA #     SI FA #
LA # SOL     LA # RÉ     RÉ LA #     ré LA #
FA # MI     MI FA #
LA # SOL     SOL LA #
FA # FA # MI # MI     MI MI # FA # FA #
LA # LA SOL # SOL     SOL SOL # LA LA #

# LEÇON XIX

**Tons de RÉ et de SOL mineurs.** — Etude des passages chromatiques et des intervalles de septième diminuée, de seconde augmentée, de quarte diminuée et de quinte augmentée.

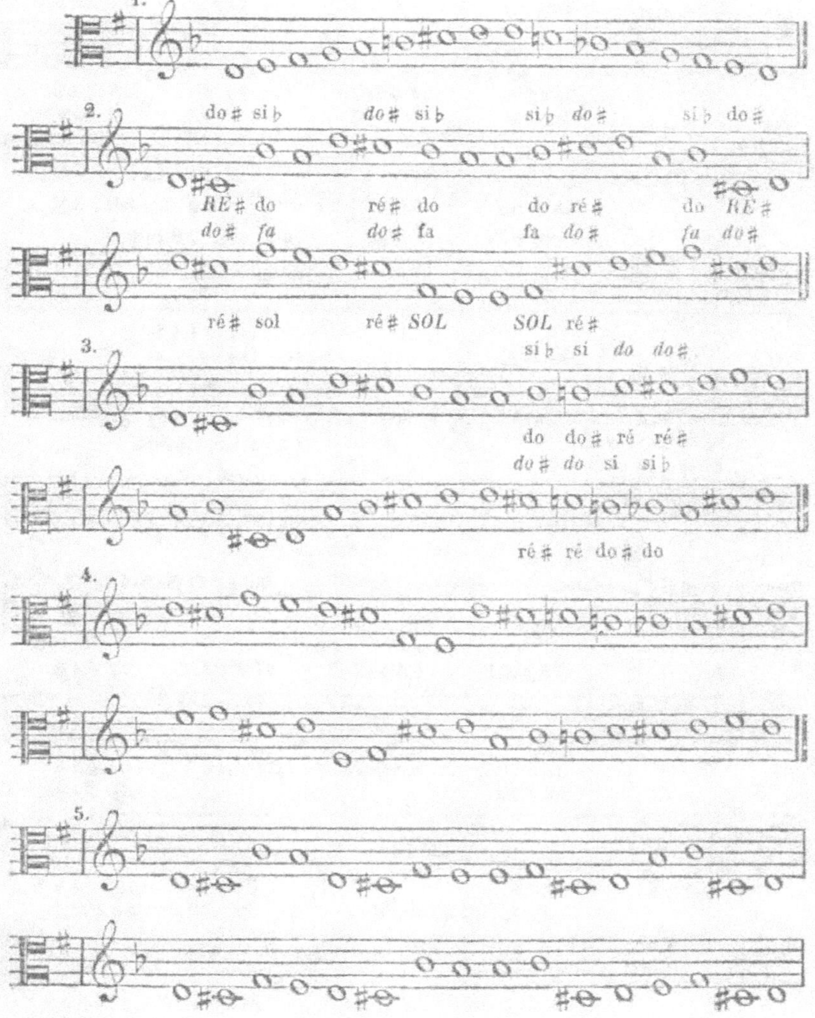

1.
2.
fa♯ mi♭     fa♯ mi♭     mi♭ fa♯     mi♭ fa
SOL♯ fa     sol♯ fa     fa sol♯     fa SOL♯
fa♯ si♭     fa♯ si♭     si♭ fa♯     si♭ fa♯
SOL♯ do     sol♯ do     do sol♯     do SOL♯
mi♭ mi  fa  fa♯
3.
fa  fa♯  sol  sol♯
fa♯ fa  mi  mi♭
sol♯ sol  fa♯  fa
4.
5.
FA♯ MI♭     FA♯ SI♭     SI♭ FA♯     MI♭ FA♯
SOL♯ fa     SOL♯ do     do SOL♯     fa SOL♯
FA♯ SI♭     FA♯     mi♭     mi♭     FA♯     SI♭ FA♯
sol♯ do     sol♯ fa     fa sol♯     do sol♯
FA♯ FA MI MI♭     MI MI♭ FA FA♯
sol♯ sol fa♯ fa     fa fa♯ sol sol♯

# LEÇON XX

**Tons de DO et de FA mineurs.** — Etude des passages chromatiques et des intervalles de septième diminuée, de seconde augmentée, de quarte diminuée et de quinte augmentée.

1.
2.
mi réb    mi réb    réb mi    réb mi
SI LAb    SI LAb    LAb SI    LAb SI
mi lab    lab mi    lab mi
SI MIb    MIb SI    MIb SI
3.
réb ré m.b mi
LAb LA SIb SI
mi mib ré réb
SI SIb LA LAb
4.
5.
MI réb    MI RÉb    RÉb MI    réb MI
SI lab    SI LAb    LAb SI    lab SI
MI RÉb    RÉb MI
SI LAb    LAb SI
MI MIb RÉ RÉb    RÉb RE MIb MI
SI SIb LA LAb    LAb LA SIb SI

# TROISIÈME PARTIE
## Rhythme

## LEÇON XXI

**Mesure à C** — Rondes, blanches, noires, blanches pointées et
silences équivalents.

6.
7.
DO #
SI ♭        MI ♭        MI
LA
8.
do
9.
10.
fa        LA        do        fa
la        sol

# LEÇON XXII

**Mesure à C** — Rondes, blanches, noires et silences équivalents.

6.
do
SI
7.
8.
SOL
mi
9.
10.

# LEÇON XXIII

**Mesure à C** — Rondes, blanches, noires et silences équivalents.

6.
7.
mi
8.
9.
10.

# LEÇON XXIV

**Mesure à** C — Rondes, blanches, noires et silences équivalents.

6.
LA ♯
RÉ ♯
7.
mi
8.
9.
10.
SOL    SI    LA    FA ♯
ré        do

# LEÇON XXV

**Mesure à C** — Rondes, blanches, noires et silences équivalents.

6.
7.
LA ♯
8.
fa ♯
9.
10.
ré  fa ♯  la      ré          do ♯  mi  sol  si
SI        LA        6

# LEÇON XXVI

**Mesure à $\frac{3}{4}$.** — Blanches pointées, blanches, noires
et silences équivalents.

6.
LA #
7.
8.
DO
SOL
9.
10.

# LEÇON XXVII

**Mesure à $\frac{3}{4}$.** — Blanches pointées, blanches, noires
et silences équivalents.

LA SOL
6.
7.
8.
mi
9.
10.
fa  si♭  la  sol  mi♭
ré  do

# LEÇON XXVIII

**Mesure à** $\frac{3}{4}$. — Noires pointées, croches et silences équivalents.

6.
7.
LA
8.
sol♯
9.
10.
ré    la    mi    fa♯    do♯
sol

# LEÇON XXIX

**Mesure à $\frac{3}{4}$.** — Noires pointées, croches et silences équivalents.

6.
fa #
7.
8.
9.
10.

# LEÇON XXX

**Mesure à $\frac{3}{4}$.** — Croches pointées, doubles croches
et silences équivalents.

FA# SOL#   MI
RÉ#   LA#
6.
7.
8.
9.
10.
FA# LA ré   mi fa#   sol
la   do# SI

# LEÇON XXXI

**Mesure à** C — Noires pointées, croches et silences équivalents.

6.
SI
mi ♭
fa
7.
ré ♭
8.
SI ♭
LA ♭
9.
10.
mi♭ sol si♭     SI ♭  fa la♭ do
ré
do
7

# LEÇON XXXII

**Mesure à C** — Noires pointées, croches et silences équivalents.

6.
DO
RÉ
7.
8.
la
9.
SI
si♭
10.
ré do♯ SI♭ fa mi    si♭ la    sol
mi♭    d    SI

# LEÇON XXXIII

**Mesure à C** — Noires pointées, croches et silences équivalents.

ré#
6.
MI
SOL# FA#
7.
9.
fa#
fa#
10.
do# SI# ré mi
la sol#fa# ré# ré LA#
SI
LA

# LEÇON XXXIV

**Mesure à C** — Noires pointées, croches et silences équivalents.

6.
FA#
MI♭ DO#
7.
8.
MI
9.
10.
MI♭ RÉ FA SOL LA♭ SI♭ do ré mi♭ sol fa
la♭

# LEÇON XXXV

**Mesure à** C — Noires pointées, croches et silences équivalents.

6.
7.
8.
9.
10.
FA
si♭ do
ré♭
MI♭
mi♭ sol la♭ si♭ do ré mi♭
fa
fa

# LEÇON XXXVI

**Mesure à $\frac{2}{4}$.** — Blanches, noires, noires pointées, croches, croches pointées, doubles croches et silences équivalents.

6.
LA  SI
7.
FA#
8.
9.
LA
10.
MIb RÉ FASOL  LAb SIb do
mibrédo
DOSIb

# LEÇON XXXVII

**Mesure à** $\frac{2}{4}$. — Blanches, noires, noires pointées, croches, croches pointées, doubles croches et silences équivalents.

6.
LA          SI
7.
ré
8.
RÉ ♯
9.
10.
ré    la    si  sol fa ♯   mi          SI
LA

# LEÇON XXXVIII

**Mesure à $\frac{3}{4}$.** — Blanches, noires, noires pointées, croches, croches pointées, doubles croches et silences équivalents.

6.
7.
8.
9.
10.
si♭ la

# LEÇON XXXIX

**Mesure à** $\frac{3}{8}$. — Noires pointées, noires, croches pointées, croches, doubles croches et silences équivalents.

6.
7.
LA
8.
fa #
9.
10.
mi  ré do # SI     LA     FA # MI
fa #

# LEÇON XL

Mesure à $\frac{3}{8}$. — Noires pointées, noires, croches pointées croches, doubles croches et silences équivalents.

MI    SOL♯    SI    mi ré♯ do♯
LA    FA♯

# LEÇON XLI

**Mesure à $\frac{6}{8}$.** — Blanches pointées, noires pointées, noires, croches, doubles-croches et silences équivalents.

6.
7.
8.
ré ♭
9.
10.
ré do♯ SI♭ LA    sol fa mi    mi ♭
do    SI FA SOL

# LEÇON XLII

**Mesure à $\frac{6}{8}$.** — Noires pointées, noires, croches, doubles-croches et silences équivalents.

6.
FA#
MI#
7.
8.
9.
10.
mi fa# do# ré#   SI   sol#
LA#   la

# LEÇON XLIII

**Mesure à $\frac{9}{8}$.** — Blanches pointées, noires pointées, noires, croches et silences équivalents.

8.
9.
10.

# LEÇON XLIV

**Mesure à $\frac{12}{8}$.** — Rondes pointées, blanches pointées, noires pointées, noires, croches et silences équivalents.

4.
5.
6.
7.

# LEÇON XLV

**Triolets.** — A transposer dans tous les tons,
comme aux deux leçons précédentes.

# QUATRIÈME PARTIE

## Ensemble

---

## LEÇON XLVI

Transposée en MI♭ et en SOL.

# LEÇON XLVII

## Transposée en FA et en SOL

# LEÇON XLVIII

### Transposée en RÉ et en FA.

# LEÇON XLIX

Transposée en **FA** et en **LA**.

# LEÇON L

Transposée en SI♭ et en LA.

Fin
S.

# LEÇON LI

## Transposée en FA et en RÉ.

CANTIQUE DE J. RACINE.

<table>
<tr><td>

II

L'un, tout esprit et tout céleste,
Vent qu'au Ciel, sans cesse attaché,
Et des biens éternels touché,
Je compte pour rien tout le reste;
Et l'autre, par son poids funeste,
Me tient vers la terre penché.

</td><td>

III

Hélas! en guerre avec moi-même,
Où pourrai-je trouver la paix?
Je veux, et n'accomplis jamais;
Je veux, mais (ô misère extrême),
Je ne fais pas le bien, que j'aime,
Et je fais le mal, que je hais.

</td></tr>
</table>

IV

O grâce, ô rayon salutaire!
Viens me mettre avec moi d'accord,
Et, domptant par un doux effort

Cet homme qui t'est si contraire,
Fais ton esclave volontaire
De cet esclave de la mort.

# LEÇON LII

**Transposée en FA et en MI.**

—

## SUISSE

Poésie de M. SEXTIUS MICHEL.

- heur est a - vec vous, Le vrai bon - heur est
- heur est a - vec vous, Le vrai bon - heur est
a - vec vous. La na - ture, en ces lieux ché -
a - vec vous. La na - ture, en ces lieux ché -
- ri - e, Sou - rit ain - si qu'aux plus beaux jours. O
- ri - e, Sou - rit ain - si qu'aux plus beaux jours. O
Suisse! ô châ - lets! ô pa - tri - e! O Suisse! ô châ - lets! ô pa-
Suisse! ô châ - lets! ô pa - tri - e! O Suisse! ô châ - lets! ô pa-

<table>
<tr><td align="center">

**II**

Mais l'oiseau, sur la tige blanche,
N'a plus son chant harmonieux;
Il bat de l'aile, et l'avalanche (bis)
De monts en monts roule à nos yeux.

Doux monts, etc.

</td><td align="center">

**III**

Le ciel brille, et de nos chaumières
Le seuil s'est émaillé de fleurs.
Salut à vous, fleurs printanières (bis)
Vous dont l'éclat sèche les pleurs.

Doux monts, etc.

</td></tr>
</table>

# LEÇON LIII

## Transposée en SI ♭ et en SOL.

---

### L'ÉTÉ

Poésie de M. SEXTIUS MICHEL.

<table>
<tr><td>

**II**

Nous danserons aux chansons,
Tandis que l'or des moissons
Enrichira nos granges.
Puis, qu'il sera beau de voir
Le vin rougir le pressoir,
A l'époque des vendanges!
   C'est l'été! c'est l'été! et.

</td><td>

**III**

Sois béni, comme il convient,
Dieu puissant, de qui tout vient,
Vertu, science et richesse!
Toujours conserve à nos vœux,
Aux hommes, des bras nerveux;
Aux enfants, la sagesse.
   C'est l'été! c'est l'été! etc.

</td></tr>
</table>

# LEÇON LIV
### Transposée en RÉ et en DO.

—

## LA NUIT
POÉSIE DE M. SEXTIUS MICHEL.

## II

C'est l'heure où, sans voiles,
Les blanches étoiles,
Ainsi que des voiles,
  Brillent au ciel;
Où, dans la ramure,
La brise murmure,
Voix de la nature, }
  Chœur solennel! } BIS.

## III

Comme une pauvre âme,
De l'esquif la rame
Bat le flot, qui brame
  Sur le lac bleu.
Ainsi, doux mystère!
Le ciel et la terre,
Tout dans l'atmosphère }
  Proclame Dieu! } BIS.

# LEÇON LV
## Transposée en SOL et en MI ♭.

—

## LE PONT DE LA VEUVE
### Poésie de FLORIAN.

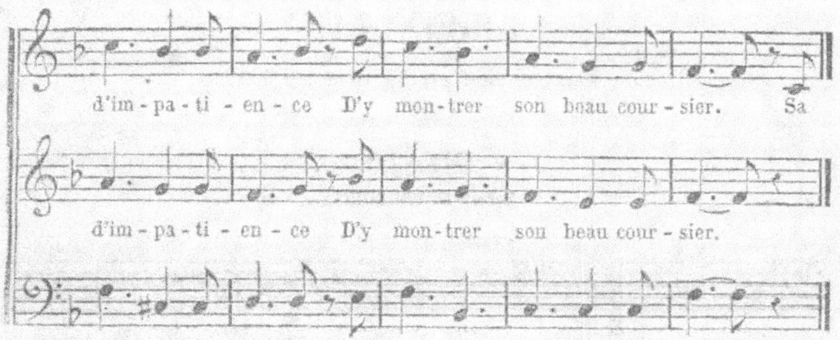


### II

Sa mère y consent et pleure
Et lui dit, en l'embrassant :
Si tu ne veux que je meure,
Ne sois pas trois jours absent.
L'enfant part avec sa suite;
Bientôt il trouve un torrent;
Son coursier l'y précipite :
Les flots emportent l'enfant.

### III

Pour le ramener à terre,
Efforts et secours sont vains.
Ah! trop malheureuse mère,
C'est toi surtout que je plains!
Un saint pasteur va chez elle,
Pour l'instruire de son sort :
A cette âme maternelle
Il donne le coup de la mort.

### IV

Sans proférer une plainte,
Renfermant tout dans son cœur,
Enfin, d'une voix éteinte,
Elle dit au saint pasteur :
J'irai bientôt, je l'espère,
Près de ces funestes eaux.
Vous m'y conduirez, mon père;
J'y trouverai le repos.

### V

Là, que ma fortune entière
D'un pont devienne le prix,
A l'endroit de la rivière
Où j'ai perdu mon cher fils;
Et qu'au moins, dans ma misère,
Ce pont, trop tard élevé,
Préserve toute autre mère
Du malheur que j'éprouvai.

### VI

Je veux qu'on porte ma bière
Parmi ces tristes roseaux;
Qu'on la couvre d'une pierre
Où l'on gravera ces mots :
« Dans cette demeure affreuse,
« De mon corps sont les débris;
« Mais mon âme, plus heureuse,
« Mon âme est avec mon fils. »

### VII

Elle dit, et tombe morte.
On suivit sa volonté :
Près du torrent on la porte;
Un pont s'élève à côté.
Le pont, non loin de Valence,
Se fait encore admirer :
On le traverse en silence,
Et jamais sans y pleurer.

# LEÇON LVI

Transposée en SI ♭ et en FA.

—

## LA CHAPELLE

Poésie de Mll* LOUISA.

## II

Que j'aime ton seuil où je prie
Avec un sincère abandon;
Ce seuil où toujours, ô Marie!
L'homme trouve paix et pardon.
Ce seuil qui calme la souffrance,
Et que l'on quitte avec ferveur,
En emportant une espérance,
En y laissant une douleur!

## III

Jamais, ô chapelle isolée,
Je ne te vois dans mon chemin,
Sans que mon âme consolée
Ne rêve un meilleur lendemain;
Sans qu'une naïve prière
Ne me remplisse de bonheur;
Sans que je ne dise : ô ma mère!
Et sans que ne batte mon cœur.

# LEÇON LVII
## Transposée en LA et en SOL.

—

### L'HIRONDELLE
POÉSIE DE M. SEXTIUS MICHEL.

## II

J'ai quitté ma patrie
Par un destin fatal;
Et mon âme attendrie
Rêve au pays natal.

Vole, etc.

## III

Un jour, si je succombe
Au poids de mes regrets,
Viens réjouir ma tombe
Sous ces ombrages frais.

Vole, etc.

# LEÇON LVIII

Transposée en SI ♭ et en MI.

—

## LE MOUSSE

Poésie de M. SEXTIUS MICHEL.

<table>
<tr><td>

## II

Bientôt, comme un point vague ⎱ BIS.
Le vaisseau s'éloigna ; ⎰
Et, bercé par la vague,
L'enfant baisait la bague
Que sa sœur lui donna (BIS).

</td><td>

## III

Mais un jour la tempête ⎱ BIS.
Eclate près du port. ⎰
Enfant, la mort s'apprête !...
Et la vague muette
Va nous cacher son sort (BIS).

</td></tr>
</table>

## IV

A son heure dernière, ⎱ BIS.
Il disait, plein d'effroi : ⎰
Sœur, pardonne à ton frère
D'avoir quitté sa mère !
Priez, priez pour moi ! (BIS).

# LEÇON LIX

## Transposée en DO et en LA.

—

### LE PROGRÈS
POÉSIE DE M. SEXTIUS MICHEL.

## II

A Guttenberg, honneur et gloire;
Par lui, dans un siècle grossier,
L'humanité vit son histoire
Gravée enfin avec l'acier.

## III

Dieu le couvrait de son égide,
Lorsque, mortel audacieux,
Par un mystérieux fluide,
Franklin ravit la foudre aux cieux.

## IV

Ah! portons aux plages nouvelles,
Nos sciences, fruits du labeur!
Que l'industrie ouvre ses ailes,
Grâce aux progrès de la vapeur!....

# LEÇON LX

Transposée en FA et en MI.

—

## DIEU SOIT EN AIDE AUX ÉCOLIERS

Poésie de M. ÉMILE DESCHAMPS.

## II

Tenez, comptons bien sur nos doigts :
Dans huit jours les vacances !
Beaux galas, chasses et danses,
Et point de latin pour deux mois !
    C'est merveilles !
    Gare aux treilles,
Gare aux pinsons, aux espaliers !
    C'est merveilles !
    Gare aux treilles,
Dieu soit en aide aux écoliers !

## III

Et puis, quand vous n'y pensez pas,
Soudain revient novembre ;
Adieu, petite chambre,
Adieu, grand parc et grands ébats....
    A nos places,
    Dans les classes,
En voilà pour dix mois entiers.....
    A nos places,
    Dans les classes,
Dieu soit en aide aux écoliers !

## IV

Mais, travaillons avec amour,
Et d'enfants que nous sommes,
Nous deviendrons des hommes,
Qui conduiront le monde un jour.
    A l'ouvrage,
    Du courage !
Tâchons d'être tous les premiers !
    A l'ouvrage,
    Du courage !
Dieu soit en aide aux écoliers !

# LEÇON LXI
Transposée en LA ♭ et en FA.

—

## KYRIE ELEISON

- e    e - le - i - son.    Chris -
- e    e - le - i - son.    Chris -
- te    Chris - te    Chris - te    e - le - i -
- te    Chris - te    Chris - te    e - le - i -
- son    Chris - te    Chris -
- son    Chris - te    Chris -
- te    Chris - te    e - le - i - son.
- te    Chris - te    e - le - i - son.

Ky - ri - e Ky - ri - e Ky - ri -
Ky - ri - e Ky - ri - e Ky - ri -
- e e - le - i - son Ky - ri - e
- e e - le - i - son Ky - ri - e
Ky - ri - e Ky - ri - e e - le - i -
Ky - ri - e Ky - ri - e e - le - i -
- son E - le - i - son e - le - i - son
- son E - le - i - son e - le - i - son

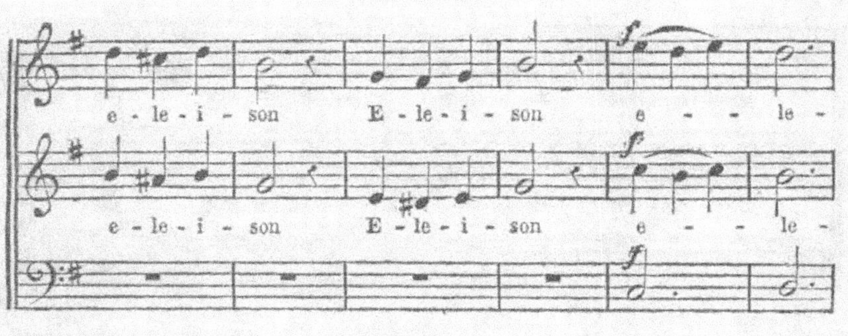

# LEÇON LXII

Transposée en RÉ et en MI ♭.

—

## SANCTUS

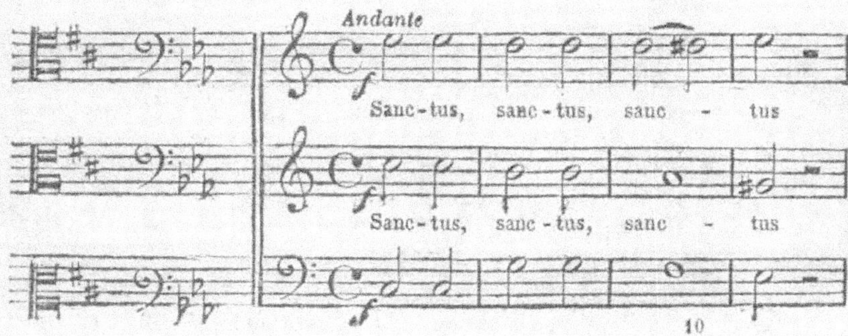

Do - mi - nus De - us sa - ba - oth ple - ni
Do - mi - nus De - us sa - ba - oth ple - ni
sunt cœ - li et ter - ra glo - ri - a tu - a Ple - ni
sunt cœ - li et ter - ra glo - ri - a tu - a Ple - ni
sunt cœ - li et ter - ra, glo - ri - a, glo - ri - a tu -
sunt cœ - li et ter - ra, glo - ri - a, glo - ri - a tu -
- a. Ple - ni sunt ple - ni sunt cœ - li et ter -
- a. Ple - ni sunt ple - ni sunt cœ - li et ter -
- a. Ple - ni sunt ple - ni sunt cœ - li et ter-

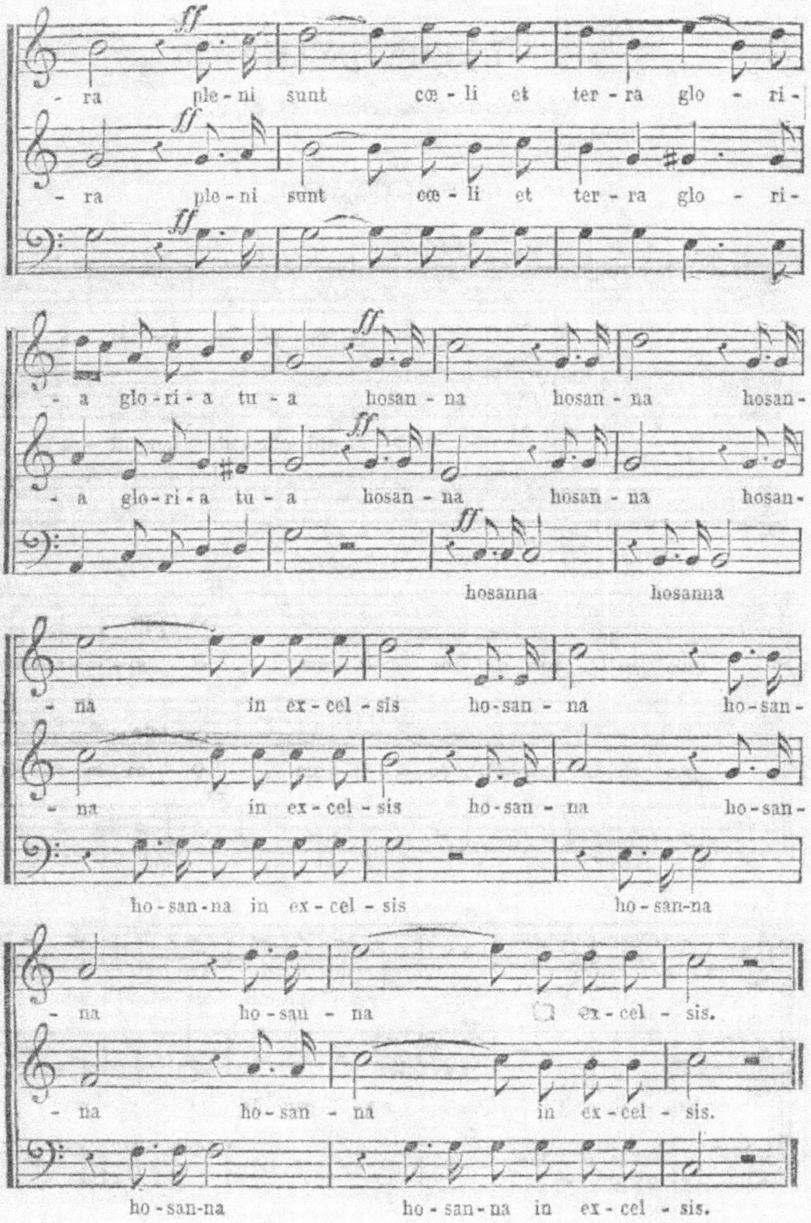
ff
-ra ple-ni sunt cœ-li et ter-ra glo-ri-
ff
-ra ple-ni sunt cœ-li et ter-ra glo-ri-
ff
ff
-a glo-ri-a tu-a hosan-na hosan-na hosan-
ff
-a glo-ri-a tu-a hosan-na hosan-na hosan-
ff
hosanna hosanna
-na in ex-cel-sis ho-san-na ho-san-
-na in ex-cel-sis ho-san-na ho-san-
ho-san-na in ex-cel-sis ho-san-na
-na ho-san-na ex-cel-sis.
-na ho-san-na in ex-cel-sis.
ho-san-na ho-san-na in ex-cel-sis.

# LEÇON LXIII

## Transposée en LA et et SI ♭.

—

## O SALUTARIS

Bel - la pre - munt hos - ti - li - a Da ro - bur
Bel - la pre - munt hos - ti - li - a Da ro - bur
fer au - xi - li - um Bel - la pre - munt hos - ti - li - a
fer au - xi - li - um Bel - la pre - munt hos - ti - li - a
Da ro - bur fer au - xi - li - um O sa - lu -
Da ro - bur fer au - xi - li - um O sa - lu -
- ta - ris sa - lu - ta - ris hos - ti - a.
- ta - ris sa - lu - ta - ris hos - ti - a.

# LEÇON LXIV

### Transposée en SI ♭ et en LA.

—

## AGNUS DEI

mi - se - re - re no - - - bis.
mi - se - re - re no - - - bis.
Ag - nus De - - i    Ag - nus De - - i
Ag - nus De - - i    Ag - nus De - - i
qui tol - lis pec - ca - ta mun - di
qui tol - lis pec - ca - ta mun - di
mi - se - re - re no - bis    mi - se - re - re no - bis
mi - se - re - re no - bis    mi - se - re - re no - bis

LECTURE MUSICALE

# LEÇON LXV

Transposée en **LA** et en **SI** ♭.

—

## DOMINE SALVUM

- rem Do - mi - ne sal - vum fac Na - po - le - o -
- rem Do - mi - ne sal - vum fac Na - po - le - o -
- nem Et ex - au - di nos in di -
- nem Et ex - au - di nos in di -
- e Quâ in - vo - ca - ve - ri - mus
- e Quâ in - vo - ca - ve - ri - mus
- ve - ri - mus
te Et ex - au - di nos in di -
te Et ex - au - di nos in di -

- e            Quâ in - vo - ca - ve - ri - - mus
- e            Quà in - vo - ca - ve - ri - mus
- ve - - ri - mus
te            Do - mi - ne sal - vum fac im - pe - ra - to -
te            Do - mi - ne sal - vum fac im - pe - ra - to -
- rem            Do - mi - ne sal - vum fac Na - po - le - o -
- rem            Do - mi - ne sal - vum fac Na - po - le - o -
- nem            Do - mi - ne sal - vum fac im - pe - ra - to -
- nem            Do - mi - ne sal - vum fac im - pe - ra - to -

FIN

# TABLE DES MATIÈRES

## Troisième partie. — Rhythme

## Quatrième partie. — Ensemble

9 782329 241357